Être Noir

Quel Malheur !

Une Collection de Poèmes en Prose

Ben Wood Johnson

TESKO

TESKO PUBLISHING

Middletown, Pennsylvanie

Si vous souhaitez en savoir plus sur Tesko Publishing, veuillez contacter My
Eduka Solutions à l'adresse suivante : 330 Main St # 214, Middletown, PA
17057, USA

Tous droits d'adaptation, de traduction et de reproduction sont réservés pour
tous les pays.

ISBN -13 : 978-1-948600-03-3
ISBN-10 : 1-948600-03-X

Première publication imprimée en aout 2018 (Imprimé aux États-Unis)
Traduit/édité par Ben Wood Johnson
Format : Livre de Poche (Paperback)

Disponible aussi en livre électronique, audio et hardback formats

Couverture photo et design droits d'auteur © 2018 Wood Oliver.
Crédit Photos : FunkyFocus from Pixabay; OpenClipart-Vectors from Pixabay; GDJ
www.pixabay.com

Tesko Publishing
www.teskopublishing.com

À ceux qui pensent que le racisme est un patrimoine sacré.

TABLE DES MATIÈRES

ÊTRE NOIR

ÊTRE NOIR

Avant-propos

CE LIVRE EST UNE collection de poèmes écrits sous la guillotine du racisme. Ces poésies regroupent quelques-unes de mes pensées sur la montée de ce phénomène dans le monde. Ce livret contient mes idées les plus sépulcrales à propos du sujet. J'admets que ces idées sont assez aléatoires comme ça. Elles n'examinent pas le racisme dans son ensemble. Toutefois, ces idées viennent du plus profond de mon âme.

Ces pensées peu romanesques reflètent ma réalité dans le monde, singulièrement en Amérique du Nord. À travers ces réflexions inouïes, je scrute mon propre reflet. Je m'examine comme si je me dévisageais dans un miroir dans le noir. Je me déshabille aux yeux de tous, et ceci pas nécessairement dans le sens propre du terme « se déshabiller ».

À partir de ce réfléchi peu humoristique, je dessine un tableau assez accablant comme ça de ma vie. Je réfléchis tour à tour sur le traitement que je reçois loin de mon pays. Je remâche mes bouleversements dans un endroit où je suis vu et traité comme un homme redoutable.

C'est une introspection sur ma vie privée. C'est une fenêtre qui exhibe un aspect vivifiant de mon vécu loin de ma terre natale. C'est manifestement un récit assez personnel comme ça. Dans cette optique, prenez acte de ce texte.

ÊTRE NOIR

Ce titre est composé de soixante poèmes. Ces écrits inédits reflètent des techniques traditionnelles de la poésie ou du genre poétique. La plupart de ces poèmes sont en prose. Certains sont en vers. D'autres sont en rimes. Les idées que je véhicule à travers cette épigramme sont assez claires. [1]

Ce livre n'est pas biographique en nature. Il ne reflète pas mon vécu en profondeur. Gardez cela à l'esprit en naviguant le texte.

Les poèmes sont relativement courts. Ils sont présentés dans un ordre chronologique, allant de 2015 à 2018.[2] Ils sont étalés à travers seize sections. Chaque section est introduite par un résumé des circonstances qui avaient inspiré les poèmes qui y sont inclus. Le but c'est de permettre au lecteur d'avoir une vue panoramique de mon état d'âme à un moment de ma vie. Chaque poème discute un sujet particulier.

Si vous aimez la poésie, ce petit livre est idéal pour vous. Mon but en rédigeant ces pensées était de relater mon quotidien avec un air endolori. Je voulais révéler mon vécu sans duperie. Je vous invite à lire ces poèmes avec intérêt.

Bonne Lecture !
Ben Wood Johnson
Le 22 août 2018
Pennsylvanie, USA

Corrigé en avril 2021

---

[1] Depuis que j'ai laissé mon pays, j'ai vécu dans de plusieurs endroits. Ici, quand je dis terres étrangères, je parle des États-Unis d'Amérique.

[2] J'ai passé ces trois années dans une prison mentale. Ce sont les moments les plus tristes de mon existence.

Section 1

DANS LE MÉPRIS

Cette section contient une collection de quatre poèmes. Ces écrits relatent mon état d'esprit pendant l'été de l'année 2015, plus particulièrement entre mai et juillet. C'était le moment le plus horrible de ma vie. Dans un intervalle de quelques semaines, j'ai essuyé de nombreux affronts. J'étais perdu dans le monde. J'étais dans un état émotionnel sans pareil. Pour apaiser ma douleur, j'avais décidé de relater mon expérience en poésie.

ÊTRE NOIR

1

VIVRE DANS LE MÉPRIS

Par Ben Wood Johnson

Venez à mon aide.
Les gens sont prêts à tout faire.
Ils sont prêts à me détruire.
Il y a un désir folâtre de se débarrasser de moi.
Je ne sais pas quoi faire.

Je viens tout juste d'être chassé.
Cela a été fait sans aucun motif préalable.
Je viens d'être humilié.
Je viens d'être bafoué.
Je viens d'être avili au plus profond de mon être.

Je suis déçu.
Je vis dans le mépris.
Je ne m'attendais pas à une telle réalité.
Je n'en avais jamais entendu parler.

Je ne savais pas s'ils pouvaient faire ça à quelqu'un.
Et pourtant, ils m'ont bel et bien fait ce tort.
Je n'ai aucun recours.
Je n'ai aucune force pour lutter contre leurs assauts.
Je ne peux plus résister à leur méchanceté.

Je me suis tu.
Je me suis abattu.

ÊTRE NOIR

Je suis décousu.
Je suis en dessous dessus.

Je me suis englouti.
Je me suis banni.
Je me suis aplati.
Je me suis assujettie.

Je vous en supplie.
Aidez-moi à ce moment épineux.
Je suis un quadragénaire.
Ma vie vient de prendre une tournure pour le pire.

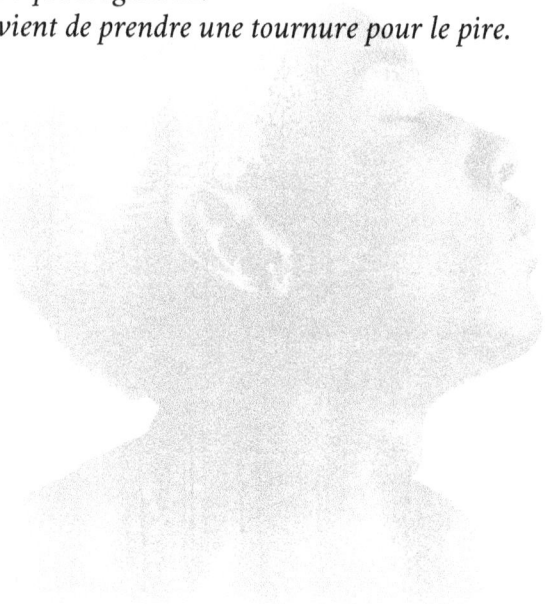

2

UN VÉCU CHIMÉRIQUE

Par Ben Wood Johnson

Je connais un vécu chimérique.
Je connais des moments horrifiques.
C'est comme une berlue à laquelle je ne puis me réveiller.
C'est un vécu excentrique.
C'est un vécu empirique.

J'ai documenté ce vécu pour le présent.
J'ai mémorisé ce vécu pour mon propre instrument.
J'ai extériorisé ce moment pour mon propre escient.
J'ai internalisé ce vécu pour mon propre futur.
J'ai engravé ce vécu pour mes progénitures.

C'est un vécu surréaliste.
C'est un vécu non conformiste.
C'est un vécu qui incite à la pesanteur.
C'est un vécu qui incite la peur.
C'est un vécu qui m'emporte.
C'est un vécu qui m'incite à la révolte.

Je vais partager ce vécu avec vous.
Je veux relater ce vécu sans vesou.
Je veux faire écho de mes tumultes sans être un demi-fou.
Je veux révéler tout.

ÊTRE NOIR

Ce n'est pas une œuvre de fiction.
Ce n'est pas une élocution.
Ce n'est pas une allocution.
Ce n'est pas une réfutation de mon monde.
Ce n'est surtout pas une acceptation de mon ombre.

Je crayonne un schéma déchirant de ma conjoncture
sociale.
Je vis dans un environnement détestable.
Je témoigne mes maux dans un monde horrible.
Je relate mes troubles dans un milieu insensible.

Je reflète sur des pays qui me sont amèrement exotiques.
Je songe mon vécu dans des milieux antipathiques.
Ce sont des milieux chaotiques.
Ce sont des milieux maléfiques.

3

ÊTRE UN IMMIGRÉ

Par Ben Wood Johnson

Je suis un immigré.
Je suis un étranger.
Je suis un noir.
Je vis dans un cauchemar.

Je ne suis pas le bienvenu là où je suis.
Ces milieux me sont peu familiers.
Ils me sont exogènes.
Ils me sont très néfastes aussi.
C'est ainsi surtout ces jours-ci.

Je suis égaré dans ces paysages lointains.
Je ne dérame que des larmes.
Je suis étourdie dans ces milieux hautains.
Je vis sans un état d'âme.
Je suis maudit dans ces petits coins.
Je vis dans la mélancolie.
Je tourbillonne dans un labyrinthe sans fin.
Je vis dans la pénurie.

Tous les jours, on m'abuse.
On me traite comme un cancre.
Dans ce coin du monde, rien ne m'amuse.
Dans ma déchéance, tout me manque.
Tous les jours, on m'accuse.

ÊTRE NOIR

Quel malheur pour moi dans ces paysages en dépistage.
D'ici là, j'ai fait naufrage.
Quelle horreur pour moi dans ces murs briser !
Ici et là, je suis biaisé.
Quelle tristesse pour moi dans ces villes viles.
Ma vie est en péril.

Dans ce pays reculé, rien ne m'intéresse.
Dans ce milieu d'infâme, rien ne m'attache.
Dans ce monde malheureux, je vis dans la détresse.
Dans ce lieu hostile, je vis comme un lâche.
Dans ce milieu, je suis ému.
Dans ce milieu, je suis déçu.
Dans ce milieu, je suis dépourvu.

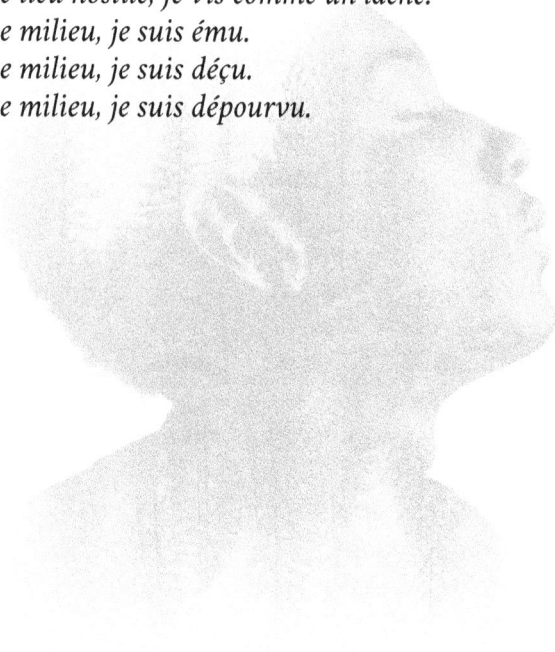

4

JE SUIS MON PROPRE PRISONNIER

Par Ben Wood Johnson

Oui, je suis un prisonnier de mes propres ambitions.
Je suis une victime de mon propre béguin.
De cette flétrissure morale, je ne peux que m'y faire.
C'est ça le plus indignant.
C'est ça le plus marquant.

Je souffre pour un rien.
Je suis maudit pour un bien.
Cet état de frayeur n'est pas le mien.
Ce moment de dur labeur n'est surtout pas le tien.

De ma souffrance, je suis épuisé.
De ma pénitence, je suis déchaussé.
De ma décadence, je suis désorienté.
De mon état d'insouciance, je me sens désemparé.
De ma dépravation, je ne peux que m'y habituer.

Il n'y a pas plus navrant que d'être noir.
Il n'y a pas plus dégoûtant que d'être un trouillard.
Il n'y a pas plus déprimant que de vivre dans un abattoir.
Il n'y a pas plus terrifiant que de vivre sans un abreuvoir.

ÊTRE NOIR

Il n'y a pas moins encourageant que d'être loin de chez soi.
Il n'y a pas moins marrant que d'être en émoi.
Il n'y a pas moins choquant que de vivre en désarroi.
Il n'y a pas moins déshonorant que d'être un antiroi.
Il n'y a pas moins déconcertant que d'être un renvoi.

Oh, quel malheur.
Quelle tristesse !
Quelle horreur !
Quelle ivresse !

Être noir, c'est la malédiction de l'Afrique.
Être noir, c'est maléfique.
Être noir, c'est pathétique.
Être noir, c'est horrifique.
Il n'y a pas pire que d'être noir en Amérique.

Pour le fait d'être noir, je vis aux abois.
Je suis un hors-la-loi.
Je vis comme un palefroi.
Je vis malgré moi.

Pour le fait d'être noir, je suis emmuré dans mon corps.
Je suis métastasé dans mon esprit.
Je suis effronté.
Je suis escroqué.

C'est ça ma tragédie.
C'est ça ma chicanerie.
C'est comme si c'était une comédie.
Je suis abasourdi.
Je suis enseveli.
Je suis étourdie.

BEN WOOD JOHNSON

Je suis avili.
Je ne peux pas en rire.

ÊTRE NOIR

Section 2

UN MILIEU

Cette section contient une collection de quatre poèmes. Ces poèmes ont été écrits entre les mois de juin et de juillet 2015. Je réfléchissais tour à tour sur ma réalité en terres étrangères. J'examinais le milieu social là où j'évoluais. Je ne me retrouvais point dans ce milieu. J'étais déçu de la vie en Amérique du Nord.

ÊTRE NOIR

5

DANS UN LIEU PUTRIDE

Par Ben Wood Johnson

Je vis dans un milieu putride.
C'est un biotope où je suis redouté.
C'est un endroit où je suis méprisé.
C'est un décor où je suis achalandé.
C'est un lieu où j'ai loupé.

Dans cet environnement régurgitant, je me sens régurgiter.
Dans cet espace bouleversant, je me sens bouleversé.
Dans ce mitan exorbitant, je me sens délabré.
Dans cette ambiance dégradante, je me sens écarté.
Je me sens comme un vomissement.

Je vis sans pardon.
Je vis sans élan.
Je marche sans pantalon.
Je me sens comme un mal criant.

Que dois-je faire ?
Que puis-je faire ?
C'est malgré moi.
Cela va de soi.
Je suis rejeté.

ÊTRE NOIR

Je me sens comme un roi mage.
Je me sens comme une souris qui ai perdu son fromage.
Je me sens comme un bateau qui a fait naufrage.
Oh, quel dommage !

6

HÉLAS!

Par Ben Wood Johnson

Hélas !
J'ai perdu mon trône.
J'ai perdu mon royaume.
J'ai perdu mon chaume.
Je suis dépourvu de mon dôme.

Hélas !
Je n'ai pas de choix.
Je n'ai plus de la foi.
Je vis dans le désarroi.
Je vis en effroi.
Je vis malgré moi.
Je suis un non-moi.

Hélas !
Je suis morose.
Je ne vois pas la vie en rose.
Je voudrais regagner mon berceau.
Je vis dans un cachot.

Hélas !
Je suis farouche.
Je voudrais revenir dans ma couche.
Je voudrais regagner ma souche.
Je suis écrasé comme une mouche.

ÊTRE NOIR

Hélas !
Ça va mal pour moi.
Ça va mal pour nous.
Qu'est-ce qui m'arrive comme ça ?
Qu'on-t-il fait de nous ?

Hélas !
Il n'y a pas pire que cela.
Il n'y a pas pire que de vivre dans un trou.
Il n'y a pas plus difficile que de vivre comme ça.
Il n'y a pas moyen de se sentir soi-même.
il n'y a pas moyen de sortir de mon état d'émoi.

Hélas !
Je me suis abdiqué.
Je me suis abandonné.
Je me suis lâché.
je me suis délaissé.

Hélas !
Je me sens entouré.
Je me sens barré.
Je me sens encerclé.
Je me sens bouché.
Hélas, hélas, hélas !

7

DANS UN ÉTAT

Par Ben Wood Johnson

Oh, je vis dans un état navrant.
Je ne connais que de la malveillance.
Je vis dans une réalité moribonde.
Je ne connais que de l'indécence.
Dans ma condition fétide, je me sens sans importance.
Je me retrouve dans une situation de chasteté.
Je suis dans un état de perpétuelle souffrance.

Oh, je souffre tant.
C'est pour quand mon absolution ?
Viendra-t-il vraiment mon pardon ?
Oh, pourquoi suis-je en train de souffrir?

Comment ai-je pu accepter ma pénitence ?
Je me demande.
Je vous demande.
Je m'interroge.
Je vous arroge.

Oh, je n'ai plus de fierté.
Je ne crois plus aux soi-disant défenseurs de l'humanité.
Je sais de quoi ils sont capables.
Leur haine de l'autre est indéniable.

ÊTRE NOIR

Parfois, j'ai du mal à croire que le Bon Dieu existe.
Je ne peux pas en dire autant pour le diable.
Je sais que le mal existe.
Je sais que la méchanceté persiste.

Mon vécu m'a beaucoup changé.
Je suis rongé par le passé.
Je ne suis plus le même.
Ma vie n'est plus la mienne.

Je ne crois plus aux mortels.
Je ne crois plus en leurs mots.
Si Dieu n'existe pas, le diable est souverain.
Si le diable est impuissant, les mortels sont des reines.
Dans ce bas monde, les mortels sont des rois.

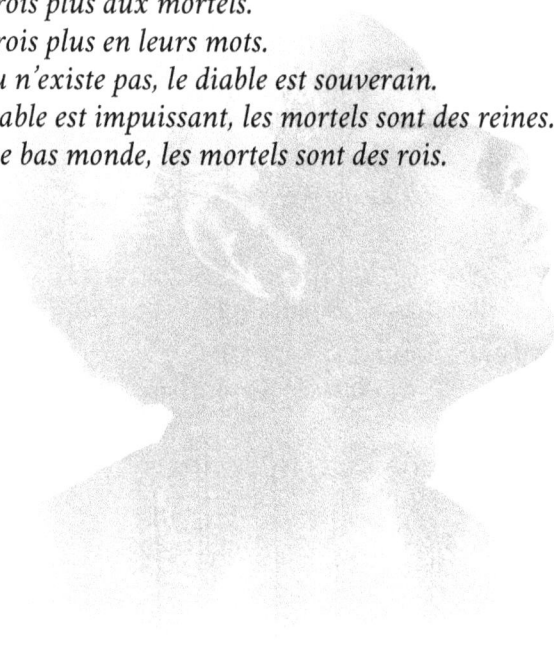

8

ÊTRE CIBLÉ

Par Ben Wood Johnson

Là où j'évolue, je me sens ciblé.
Là où j'évolue, je me sens cloitré.
Je me retrouve dans ce milieu dépressif.
Je ne suis pas un membre à parts égales.
Je me retrouve dans ce milieu oppressif.
Je me sens comme un élément gênant.

Je vais raconter mes maux.
Je vais divulguer ma tristesse en terres étrangères.
Je vais le faire de façon sincère.
Je vais surtout le faire d'une manière courageuse.
Ainsi, je vais laisser parler mon âme.

Ces milieux vous sont peut-être méconnaissable.
C'est une partie de ma vie à laquelle je ne peux pas nier.
C'est mon histoire.
C'est mon présent.
C'est mon passé.
C'est mon futur.

ÊTRE NOIR

UNE PLAIDOIRIE

Cette section contient une collection de cinq poèmes. Ils ont été écrits entre juillet 2015 et janvier 2016. Le mois de juillet était particulièrement triste pour moi et pour ma famille. Je réfléchissais sur ma vie après une rencontre infortunée avec quelques membres de la police locale. Ce jour-là, j'avais compris que je n'étais rien devant les yeux de certaines personnes dans ma communauté. Après cet incident, ma vie a pris une tournure inexplicable.

ÊTRE NOIR

9

FACE À LA MORT

Par Ben Wood Johnson

J'étais à quelques pas de ma mort prématurée.
J'avais tout fait pour me préserver.
J'avais tout fait pour me sauf garder.
J'avais tout fait pour me protéger.

Il a fallu que je m'accroche à mes racines les plus pudiques.
Il a fallu éviter une mort tragique.
Il a fallu éviter toute polémique.
Je ne voulais pas avoir une fin tragicomique.

Il ne fallait pas que je perde la tête.
Il ne fallait pas devenir une bête.
Il ne fallait surtout pas me livrer à leur requête.
Il ne fallait pas leur donner la chance de faire la fête.

Il a fallu que je me persuade.
Il a fallu que je me dissuade.
Il a fallu que je me ruade.
Il a fallu que je m'estocade.
Il a fallu que je me fasse une saccade.

Il a fallu que je me dépasse.
Il a fallu que je me trompasse.
Il a fallu que je me leurrasse.
Il a fallu que je m'entasse.

ÊTRE NOIR

Il ne fallait pas être brave.
Il ne fallait pas être une épave.
Il ne fallait pas devenir une entrave.
Il ne fallait pas devenir un cadavre.

Il fallait m'abdiquer.
Il fallait me renoncer.
Il fallait me supprimer.
Il fallait me défaire de mon instinct de guerrier.

Il ne fallait pas résister.
Il ne fallait pas répliquer.
Il ne fallait pas laisser ma rage prendre pied.
J'avais dû abandonner mon être troublé.

Il a fallu que je m'efforce à accepter ma réalité en ébullition.
Il a fallu être sage face à ma situation.
Il a fallu accepter mes conditions.
Il m'a fallu prendre une posture de poltron.

Oui, je voulais me défendre jusqu'à la mort.
Non, je ne voulais pas qu'on me fasse du tort.
Les fibres de mon être voulaient répliquer à leurs assauts.
J'étais en effervescence jusque dans les os.

Je voulais sortir de mes gonds.
Il a fallu que je baisse le ton.
Il a fallu que je me maintienne.
Il a fallu que je me retienne.

10

C'EST MON CRI

Par Ben Wood Johnson

Je vis dans la haine.
Je vis dans la peine.
Je vis dans le mépris.
Je vis dans la tromperie.

Je vis dans le dédain.
Je vis dans le pépin.
Je vis dans le racisme.
Je vis dans la mésestime.

Je vis dans l'amertume.
Je vis dans l'enclume.
Je vis sans le pardon.
Je vis dans l'abandon.

C'est un cri d'amour.
C'est un appel à la convivialité.
C'est une clameur à la dignité.
C'est une consolation sans humour.

C'est un refus du racisme.
C'est pour ceux-là qui sont délaissés.
C'est pour ceux-là qui sont dénigrés.
C'est un cri à la compassion sans cynisme.

ÊTRE NOIR

C'est un cri de pitié.
C'est un cri de sang.
C'est un cri de larmoiement.
C'est un cri des soupirs étouffés.

Ce cri vient du cœur.
Ce cri n'est pas un rejet de votre société.
Ce n'est pas un refus de votre culture.
Ce n'est pas une vitupérant de vos manières.

Après tout, nous ne sommes pas des sauvages.
Nous ne vous tenons pas en otage.
Nous sommes des sages.
Nous ne sommes pas des destructeurs à gages.
La civilité est d'usage.

Nous ne sommes pas des nantis.
Nous ne sommes pas des abrutis.
Nous ne sommes pas des damnés.
Nous ne sommes pas des insensés.

Nous ne sommes pas des rebelles.
Nous ne vous demandons pas au duel.
Nous ne sommes pas des gens sans aveu.
Nous ne sommes pas des décontractés.
Nous ne sommes pas des déchainés.
Ayez un peu de pitié.

Cet écrit c'est mon son.
Ce libellé c'est mon fond.
Cette légende c'est mon blason.
Cette épitaphe c'est mon ton.

11

C'EST POUR EUX

Par Ben Wood Johnson

C'est pour ceux-là qui ont vécu.
C'est pour ceux-là qui ont connu le supplice.
C'est pour ceux-là qui sont égorgés de malices.
C'est pour ceux-là qui n'en ont pas survécu.

C'est pour ceux-là qui ont péri.
C'est pour ceux-là qui ont chuté.
C'est pour ceux-là qui sont tombés.
C'est pour ceux-là qui sont avilis.

C'est pour ceux-là qui ont payé avec leur corps.
C'est pour ceux-là qui ont payé avec leur sang.
C'est pour ceux-là qui ont payé avec leur vie.
C'est pour ceux-là qui ont payé avec leur âme.

C'est pour ceux-là qui ont payé avec leur liberté.
C'est pour ceux-là qui ont perdu leur sainteté.
C'est pour ceux-là qui sont maitrisés.
C'est pour ceux-là qui sont crucifiés.

C'est pour ceux-là qui ont beaucoup souffert.
C'est pour ceux-là qui vivent en terres étrangères.
C'est une protestation au calme.
C'est un procès aux vacarmes.

ÊTRE NOIR

C'est une requête pour le bien-être.
C'est une prière pour la paix.
C'est une imploration pour l'absolution.
C'est un cri émis avec passion.

C'est pour les hommes à la peau colorée.
C'est une plaidoirie en faveur de la civilité.
C'est une apologie à la moralité.
C'est une défense à la pudicité.

Je vous en supplie, faites-nous grâce.
Arrêter la flagellation d'un peuple déjà endolorie.
Arrêter l'indignation d'un peuple déjà meurtri.
Arrêter l'humiliation d'un peuple déjà pétri.

En toute sérénité, faites-nous pitié.
Je vous le dis, en vérité, en vérité.
Je vous en supplie avec humilité.
De tout mon cœur, je vous conjure.
Je vous implore, arrêtez vos injures.
Je vous en prie, arrêter vos parjures.

12

JOUR DES AÏEUX

Par Ben Wood Johnson

Aujourd'hui, c'est le jour de l'an.
C'est le jour des enfants.
C'est le premier jour de l'année.
C'est le plus beau jour de janvier.
C'est le premier jour du mois.
C'est le jour des Rois.

Aujourd'hui, c'est le jour de grâce.
C'est le jour de ma race.
C'est le jour des Reines.
C'est le jour des jeunes.
C'est le jour des vieux.
C'est le jour des aïeux.

Aujourd'hui, c'est le jour de l'indépendance.
C'est le jour de mon enfance.
C'est une journée de décadence.
C'est une journée de vengeance.

C'est le jour le plus beau de ma vie.
C'est le jour le plus heureux de mon pays.
C'est le jour des amis.
C'est le jour sacré d'Haïti.

ÊTRE NOIR

C'est un jour de fête.
C'est un jour de dette.
C'est un jour de conquête.
C'est un jour de requête.
Ce n'est pas un jour de défaite.

Ce jour-là, des guerriers noirs avaient changé l'histoire.
Ils avaient changé ce monde dérisoire.
Ils s'étaient bâti un avenir illusoire.
Ils avaient fait déroute à des hommes sans pouvoir.

Ils avaient repris le contrôle de leur destin.
Ils avaient fait des hommes blancs des petits pantins.
Ils voulaient construire un meilleur lendemain.
Ils étaient devenus leurs seuls souverains.
Ils s'étaient tracé un meilleur parchemin.

Ils avaient châtié des hommes imbibés dans la folie.
Ils avaient donné naissance à ma patrie.
Ils avaient vaincu des hommes sur des chantiers abattus.
Ils étaient devenus des guerriers invaincus.

Pour la première fois, j'avais perdu mon honneur.
Loin de chez moi, je vivais en horreur.
En ce jour, je me sentais privé de ce moment de fierté.
En ce jour, j'avais perdu mon héritage sacré.

Maintenant, je vis loin de chez moi.
Mais quelle calamité pour moi !
Maintenant, je suis conscient que j'ai perdu ma liberté
À présent, je suis conscient de ma captivité.
À présent, je suis une honte pour mes aïeux.

13

JE SUIS L'ENFANT

Par Ben Wood Johnson

Je suis l'enfant des Eskimos.
Je suis l'enfant des Taïnos.
Je suis l'enfant des Arawaks.
Je suis l'enfant des Caraïbes.
Je suis ce qui reste de l'Afrique.
Je suis ce qui en reste de l'Amérique.
Je suis souillée par des hommes sans gêne.
Je suis mouillée par des indigènes.

Je suis l'enfant des palmiers.
Je suis l'enfant des boucaniers.
Je suis l'enfant des flibustiers.
Je suis l'enfant des accaparés.

Je suis l'enfant des souvenirs oubliés.
Je suis l'enfant d'un destin voilé.
Je suis l'enfant d'un passé violé.
Je suis l'enfant d'un patrimoine dépeuplé.
Je suis ce qui en reste d'un paysage déserté.

Je suis l'enfant d'un avenir perverti.
Je suis l'enfant des guerriers trahis.
Je suis l'enfant d'un peuple soumis.
Je suis l'enfant des générations démunies.

ÊTRE NOIR

Je suis l'enfant d'un demain perforé.
Je suis l'enfant d'un jadis abusé.
Je suis l'enfant d'un destin outragé.
Je suis l'enfant des corps violentés.

Je suis l'enfant des amours marchandés.
Je suis l'enfant des mamans souillées.
Je suis l'enfant des jeunes filles profanées.
Je suis l'enfant des vieilles dames possédées.

Je suis l'enfant des colons cocus.
Je suis l'enfant des colonies déçues.
Je suis l'enfant des prêtres déchus.
Je suis l'enfant des hommes bruts.

Je suis l'enfant des hommes emboités.
Je suis l'enfant des travailleurs malmenés.
Je suis l'enfant des pieds enchainés.
Je suis l'enfant des dos fouettés.
Je suis l'enfant des reculés.

Je suis l'enfant de l'aurore.
Je suis l'enfant des fonds sans bords.
Je suis l'enfant des riches sans trésors.
Je suis l'enfant des têtes sans corps.

Je suis l'enfant des limites sans limites.
Je suis la semence des caïmites.
Je suis la progéniture des infertiles.
Je suis le labeur des inutiles.

Je suis la borne des non bornés.
Je suis le sort des mort-nés.

BEN WOOD JOHNSON

Je suis l'enfant des enfants maussade.
Je suis le revenant des revenus en dégringolade.

Je suis l'enfant de l'Amérique.
Je suis le produit de l'Afrique.
Je suis l'enfant des âmes sans corps.
Je suis l'enfant de ceux qu'on a faits du tort.
Je suis le reflet de l'homme noir.
Je suis noir.

ÊTRE NOIR

ME DIABOLISER

Cette section contient une collection de trois poèmes. Ces poèmes ont été écrits en août 2015 après mon interrogation par la police pour avoir porté plainte contre le mauvais traitement que des policiers avaient infligé à moi et à ma famille au mois de juillet de la même année. Je ne m'attendais pas à être crucifié pour avoir protesté contre l'indécence, le libertinage étatique, le vagabondage policier et la moralité en dévergondage. C'était incompréhensible de ma part. Jusqu'à ce jour, je porte les cicatrices de ce moment horrible dans mon cœur. Ce jour-là, j'ai été violé dans mon corps. Ce jour triste, j'ai été battu dans mon âme. Ce jour sombre, j'ai été diabolisé dans mon être. Je ne sais pas comment oublier cet affront. Je ne peux pas me défaire de cet outrage.

ÊTRE NOIR

14

ÊTRE CHARITABLE

Par Ben Wood Johnson

Oui, je porte la marque de la bête sur ma peau.
Pourquoi me bestialisez-vous ?
Je ne suis pas la bête.
Je ne suis pas une bête.
Pourquoi me diabolisez-vous ?
Je ne suis pas le diable.
Je ne suis pas un diable.

Pourquoi me brutalisez-vous ?
Je ne suis pas le démon.
Je ne suis pas un démon.
Est-il une infraction de vouloir survivre ?
Est-il une transgression d'œuvrer pour une vie meilleure ?
Pourquoi vous en avez droit et moi pas ?

Je suis un homme tout comme vous.
J'ai du sang qui coule dans mes veines tout comme vous.
Je dois me nourrir tout comme vous le faites pour vous
autres.
Je dois nourrir à ma famille tout comme vous le faites pour
la vôtre.

Pourquoi n'ai-je pas de place à la table ?
Pourquoi n'ai-je pas de tables ?

ÊTRE NOIR

Pourquoi n'êtes-vous pas affable ?
Pourquoi n'êtes-vous pas charitable ?

15

À CAUSE DE VOUS

Par Ben Wood Johnson

J'ai tout abandonné pour venir chez vous.
De ma terre natale, vous avez pris tout.
Vous m'aviez vous-même arraché comme un loup-garou.
Vous m'aviez violenté comme un vautour.
Vous m'aviez coincé dans un carrefour.

Vous m'aviez emmené loin de mon père.
Vous m'aviez chassé loin de ma mère.
Vous m'aviez emporté loin de mes sœurs.
Vous m'aviez dépaysé loin de mes frères.

De ma culture, vous m'aviez forcé à tout rejeter.
Vous m'aviez endoctriné.
Vous m'aviez catéchisé.
Vous m'aviez fanatisé.

Vous m'aviez corrompu.
Vous m'aviez dissout.
Vous m'aviez battu.
Vous m'aviez tordu.

Moi, j'ai tout donné pour venir dans votre milieu.
Moi, j'ai tout sacrifié pour acquérir une meilleure vie.
Maintenant, je suis forcené.
Maintenant, je ne suis plus heureux.

ÊTRE NOIR

Par amour pour votre pays, j'ai laissé le mien.
Par amour pour votre terre, j'ai abdiqué à ma grotte.
Aujourd'hui, je vis chez vous.
Aujourd'hui, je vis sans honneur.
Aujourd'hui, je vis sans dignité.

Maintenant, vous me traitez comme une épave.
Maintenant, vous me forcez à vivre dans une cave.
Maintenant, ma vie est un drame.
Maintenant, je vis comme un infâme.
Maintenant, vous m'avez accablé.
Maintenant, vous m'avez démoralisé.
Maintenant, vous m'asservissez comme un ignoble.
Vous me dites que je ne suis pas noble.

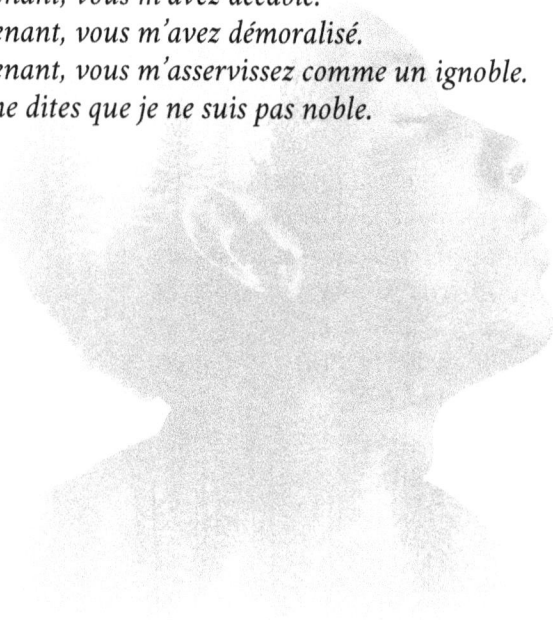

16

PAUVRE DIABLE

Par Ben Wood Johnson

Sous votre toit, je suis un sans-abri.
Sous votre terrasse, je suis entassé comme une sardine.
Dans votre pâture, vous m'acculez comme un sauvage.
Vous me traitez comme un chien qui a de la rage.
Dans votre prairie, vous me traitez comme un animal.
Vous me dites que je suis anormal.

Sous votre regard d'aberration, je suis un rejet.
Sous votre prunelle sadique, je suis un déchet.
Sous votre gouverne impudique, je vis comme un chien.
Moi, je vis dans le mépris.
Je vis dans le dédain.
Je marche sur la tête.

Pauvre diable !
Vous avez tout fait pour pérenniser mes vicissitudes.
Pauvre bougre !
Vous avez tout mis en branle pour usurper ma négritude.
Pauvre d'esprit !
Vous avez tout fait pour me maintenir dans la servitude.
Pauvre moi !
Je me suis remis à votre décrépitude.
Pauvre nous !

ÊTRE NOIR

Hélas !
Pauvre infâme !

Section 5

ÊTRE CLOITRÉ

Cette section contient une collection de trois poèmes. Ils ont été écrits en octobre 2015. Je réfléchissais sur mon état d'âme après m'être rendu compte que j'étais dans le collimateur de certaines personnes dans ma communauté. Je me sentais poursuivi en tout lieu et même dans les rues. Je me sentais emmuré. Je me sentais convoité. Je me sentais ensorcelé.

ÊTRE NOIR

17

JE SUIS UN RIEN

Par Ben Wood Johnson

Je n'ai rien à offrir votre monde.
Je suis comme une tombe.
Je suis une combe.
Je suis obscur.
Je suis sombre.

Je n'ai rien.
Je ne vaux rien du tout.
Vous me dites que vous ne me devez rien.
Vous me dites aussi que je vous dois tout.
Quel malheur pour moi !

Que dois-je faire ?
Je suis un homme emmuré en plein air.
Je me retrouve dans une absurdité macabre.
Je ne sais pas si je dois pleurer.
Je ne sais pas si je dois hurler.

Je ne sais pas si je dois célébrer mon état de salubrité.
Je ne sais pas si j'ai le droit à la liberté.
Je ne suis pas sûr si je suis libre.
Je ne sais pas si je dois être libre.

ÊTRE NOIR

Je ne sais pas ce qu'est l'indépendance.
J'ai toujours survécu dans la dépendance.
Je ne sais pas.
Je ne sais quoi.

18

LE VENT DE MA DOULEUR

Par Ben Wood Johnson

Un fait est irréfutable.
Une conjoncture est indéniable.
Ma nouvelle patrie ne veut pas de moi.
Celle de jadis ne veut plus de moi.
Je suis devenu un homme errant.
J'erre partout comme le vent.

Je n'ai nulle part où aller.
Je suis cloitré.
Je suis perdu.
Je suis foutu.

Dans l'entremise, je suis enseveli.
Dans ma remise, je suis maudit.
Sans surprise, je suis banni.
De votre méprise, je péris.

C'est ma façon de relater mes problèmes.
C'est ma façon de vanter mes maux.
Je raconte mon vécu à cœur ouvert.
Je murmure mes tourments sans fin.

Par la malchance, c'est un vécu assez décolorant comme ça.
Par guignon, c'est un vécu assez déprimant comme ça.

ÊTRE NOIR

Par déveine, c'est un vécu assez salubre comme ça.
Par disgrâce, c'est un vécu assez sulfurant comme ça.

C'est un coup d'œil sur ma réalité.
C'est un concret que je dois accepter.
C'est une vérité que je dois concéder.
À cette évidence putride, je dois m'y abdiquer.

Sinon, je serais une folle victime.
Sinon, je vivrais sans légitime.
Sinon, je pataugerais dans un état dépourvu d'estime.
Sinon, je m'enfoncerais de plus dans mon malheur.
Sinon, je ne connaitrais jamais le bonheur.

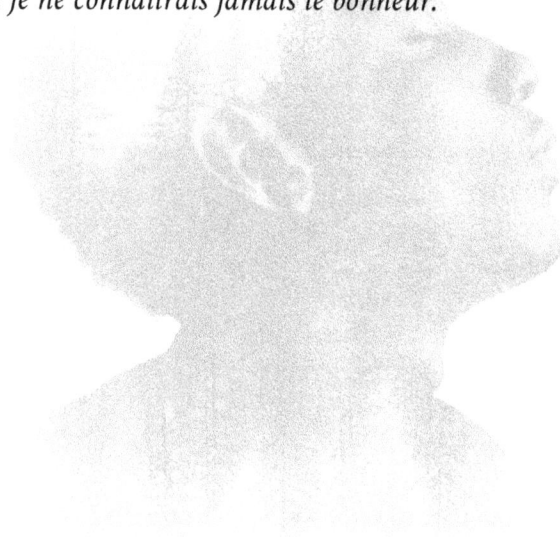

19

PAS D'AVENIR POUR MOI

Par Ben Wood Johnson

Quel avenir pour moi !
Quel destin pour moi !
Vous m'avez au palme de votre main.
Pour me briser, vous n'avez qu'à remuer le petit doigt.

Qui sera mon sauveur.
Qui sera ma lumière.
Qui me montrera le chemin.
Qui deviendra mon héros.
Il n'y a personne d'autre que moi.

Je dois me couvrir.
Je dois m'aplatir.
Je dois me mentir.
Je dois m'assainir.

Sinon, je deviendrais un martyr.
Sinon, je deviendrais une satire.
Sinon, je deviendrais un voyou.
Sinon, je deviendrais un filou.

Je suis pris au piège.
Je ne peux pas changer mon sortilège.

ÊTRE NOIR

Je n'ai pas ce privilège.
Je vis dans un état de siège.

Je vis dans une cage.
Je vis dans un marécage.
Je vis dans la boue puante.
Je vis d'une façon désespérante.
Je vis d'une manière abaissante.
Je vis chez vous.

Section 6

Un pays de merde

Cette section contient une collection de quatre poèmes. Ils ont été écrits pendant le mois de décembre 2015. Je venais de recevoir une lettre du chef de la police locale. Celui-ci voulait me mettre les accents sur les i(s). Il voulait que je sache que je ne méritais même pas une excuse de lui ou de ses compères. Selon ce dernier, je suis une énergumène. Je suis un sans valeur. Je suis le seul responsable de mes maux. Ses camarades sont des victimes et pas moi et surtout pas ma famille. Cela m'avait porté à réfléchir sur mon histoire de peuple et sur ma vie en terres étrangères.

ÊTRE NOIR

20

Mon Africanité

Par Ben Wood Johnson

Qui suis-je dans ce monde ?
Pourquoi je connais tant de souffrance ?
Qu'est-ce que j'ai fait aux mortels ?
Pourquoi suis-je devenu une bagatelle ?

À quoi ou à qui dois-je une redevance ?
Est-ce que j'ai une dette envers qui que ce soit ?
Est-ce que j'ai droit à la décence ?
Est-ce que je mérite la bienfaisance ?
Quelle est mon appartenance ?
Pourquoi dois-je justifier mon existence ?

À en croire ma réalité, je suis éhonté.
Mon africanité est une source de méchanceté.
Ma nébulosité est le catalyseur de mes effronteries.
Mon air de canine invite le mépris.

Pour certains, mon épiderme est le reflet de mon être.
Pour d'autres, je n'ai pas un être.
On cherche à m'engloutir.
On s'exerce jour et nuit pour me détruire.

Ils disent que je suis d'une laideur étourdissante.
Ils disent que j'ai une aura répugnante.

ÊTRE NOIR

Ils disent que je suis effrayant.
Ils disent que je suis le néant.

Qu'est-ce que je leur ai fait ?
À part d'être noir, je ne le sais pas.
À part d'être noir, je n'ai fait de mal à personne.
À part d'être noir, je ne suis pas une maladie.
À part d'être noir, je ne suis pas fécalome.
De la tête aux pieds, je suis un homme.

21

JE SUIS DE L'AFRIQUE

Par Ben Wood Johnson

Même si ce n'est pas par malheur ou par bonheur,
je suis sorti de l'Afrique.
Même si ce n'est pas par la malignité ou par bonté,
je suis né des entrailles de Quisqueya.
Même si ce n'est pas par rosserie ou par bonhommie,
je suis l'enfant oiseux des Mayas.
Même si ce n'est pas par connivence ou par rancœur,
je suis un enfant sacré du Dahomey.

Je suis l'enfant des hommes du Congo.
Je suis ce qui reste des Nagos.
Je suis ce qui reste des Ibos.
Je suis l'écho des Petros.

Je suis le reflet des Makayas.
Je suis le cri des Radas.
Je suis la secousse des Aradas.
Je suis le rythme du Yanvalou.
Je suis le résultat des hommes fous.
Je suis le dénouement de l'Afrique.
Je suis un immolé de l'Amérique.

ÊTRE NOIR

22

LÀ OÙ JE VIENS

Par Ben Wood Johnson

Je viens des terres rouges.
Je viens des montagnes qui bougent.
Je viens des terres grises.
Je viens des terres prises.

Je viens des terres assoiffées.
Je viens des terres musclées.
Je viens des terres fécondées.
Je viens des terres stérilisées.

Je viens des terres boueuses.
Je viens des terres houleuses.
Je viens des terres arides.
Je viens des terres morbides.

Je viens des terres de poussières.
Je viens des terres de misères.
Je viens des terres de tonnerres.
Je viens des terres en colère.

Je viens des terres qui tremblent.
Je viens des terres qui démembrent.
Je viens des terres qui se ressemblent.
Je viens des terres qui engendrent.

ÊTRE NOIR

Je viens des terres de douleurs.
Je viens des terres de malheurs.
Je viens des terres des pleurs.
Je viens des terres du bonheur.

23

L'ÉTENDARD DE MA RACE

Par Ben Wood Johnson

Je porte l'étendard de ma race.
Je ne suis pas le seul de ma classe.
Pourquoi me traitez-vous comme un vorace ?
Pourquoi me bannissez-vous comme une menace ?
Je ne suis pas pugnace.
Je ne suis pas de la crasse.
De votre désinvolture, je m'enlace.

Je suis ce qui reste des hommes rougis.
Je suis ce qui reste des hommes jaunis.
Je suis le symbole des hommes noircis.
Je suis le portrait craché des hommes blanchis.

Même si ce n'est pas par tragédie ou par une comédie,
j'ai vu le jour en une journée sans soleil.
Même si ce n'est pas par la chance ou par de la malchance,
je suis né un homme au lieu d'être une femme.
Même si ce n'est pas par la joie ou la gaité dans mon être,
je scintille même dans le ciel.
Même si ce n'est pas par mon acrimonie ou par mon état de
contrariété,
je reluis même dans mon âme.

ÊTRE NOIR

Même si ce n'est pas par fortune ou par le désastre,
je suis né noir au lieu d'être blanc.
Même si ce n'est pas par la jalousie ou par la convoitise,
je suis noir dans ma nature.
Je suis noir même dans mon sang.
Au creux de mon âme, je suis innocent.
Je suis un enfant.

ÊTRE NOIR

Cette section contient une collection de trois poèmes. Ils ont été écrits entre les mois de février et mars 2016. J'ai écrit ces lignes après avoir reçu une lettre de rejet d'emploi pour parler ma langue maternelle. Dans cette missive, on me disait que je n'avais pas les capacités pour parler le français. On me disait que la langue française n'était pas la mienne. Ainsi, je n'y avais pas le droit tout simplement.

ÊTRE NOIR

24

POUR PARLER LE FRANÇAIS

Par Ben Wood Johnson

Je suis sortie des entrailles de l'Afrique.
J'ai grandi dans les murs des Amériques.
Je suis élevé par des hommes de Gaule.
Je suis éduqué par des écrits de l'apôtre Paul.

Mais quelle outrance !
Je suis le produit de la France.
Ce n'est pas une question d'appartenance.
C'est une question de désobligeance.

Je ne pourrais réclamer un héritage européen.
Le français ne sera jamais le mien.
Mais la francophonie est mon identité.
La francophonie c'est mon passé.

Parler le français n'est pas un luxe pour moi.
Parler le français n'est pas un choix.
C'est ma langue de bois.
Parler le français ça fait partie de moi.

Dès ma naissance, j'ai appris mon alphabet.
J'ai appris à parler le français.
Pourtant, on me dit que c'est le contraire.
Je ne suis pas assez français pour parler le français.

ÊTRE NOIR

On me dit que la langue française n'est pas la mienne.
On me dit que je ne dois pas me faire trop de peine.
On me dit que le français est réservé aux hommes blancs.
On me dit que ce n'est pas la langue des charlatans.

À la langue française, je n'ai pas le droit.
De la langue française, je n'appartiens pas.
Mais quelle absurdité !
Avec la langue française, je m'y suis habituée.

On me nie le français tout comme on nie mon africanité.
On veut m'éclipser de mon passé.
On veut me réduire à un rien de rien.
On veut faire de moi un gredin.

On veut nier mon humanité.
On veut me défaire de mon historicité.
On veut que je sache que je ne suis pas un homme.
On veut m'effacer sans une gomme.

Je ne suis pas des miens.
Je ne suis pas des leurs.
Je ne suis pas des siens.
Je suis tout simplement une couleur.

25

QUAND ON EST NOIR

Par Ben Wood Johnson

Oui, je suis noir.
Je ne suis pas noirâtre.
Je ne porte pas le noir en moi.
Je ne suis pas fuligineux.
Je n'incarne pas le noir dans son obscurité.

Oui, je suis noir.
Je ne suis pas noir du charbon.
Je ne suis pas noir contre le bien.
Je ne suis pas noir contre le sien.
Je ne suis pas noir pour de bon.

Oui, je suis noir.
Je ne suis pas noir par mauvais sentiment.
Je ne suis pas noir de mauvais escients.
Je ne suis pas noir pour être un dégoûtant.

Oui, je suis noir.
Je ne suis pas noir de représailles.
Je ne suis pas noir pour créer la pagaille.
Je ne suis pas noir pour verser du sang.
Je ne suis pas noir même dans les dents.

Oui, je suis noir.
Je ne suis pas noir dans mon âme.

ÊTRE NOIR

Je ne suis pas noir dans mon cœur.
Je ne suis pas noir dans mon esprit.
Je ne suis pas noir pour inciter l'apathie.

Oui, je suis noir.
Je ne suis pas un ange noir.
Je ne suis pas un blouson noir.
Je ne suis pas un mouton noir.
Je ne suis pas un chameau noir.

Oui, je suis noir.
Je ne suis pas noir de crasse.
Je ne suis pas noire de race.
Je ne suis pas noire de classe.
Je ne suis pas noir de chasse.
Je ne suis pas noir par audace.

Oui, je suis noir.
Je ne suis pas un pouvoir noir.
Je ne suis pas singe hurleur noir.
Je ne suis pas noirci.
Je ne suis pas endurci.

Oui, je suis noir.
Je ne suis pas noir dans mon essence.
Je ne suis pas noir de malfaisance.
Je suis plutôt un titi glorieux.
Je ne fais que des heureux.

Oui, je suis noir.
Moi, j'incarne l'amour.
Moi, j'apporte le bon jour.
Moi, je symbolise le bonheur.
Moi, j'apporte de la joie dans tous les cœurs.

BEN WOOD JOHNSON

Moi, je suis le messager de la paix.
Moi, je ne suis pas un portefaix.

Oui, je suis noir.
À part d'être noir, il n'y a rien de plus dans ma noirceur.
Je ne suis pas un illuminateur.
Je ne suis pas un bagarreur.
Je ne suis pas un délateur.

Oui, je suis noir.
Je ne suis pas un braqueur.
Je ne suis pas un trompeur.
Je ne suis pas un brasseur.
Je ne suis pas un menteur.

Oui, je suis noir.
Je ne suis pas un voleur.
Je ne suis pas un fonceur.
Je ne suis pas un usurpateur.
Je ne suis pas un destructeur.

Oui, je suis noir.
Je ne suis pas un mal pour honte.
Je ne suis pas ni pour ni contre.
Je ne suis pas un malin.
Je suis plutôt un chérubin.
Je suis mystifié dans le noir.

Oui, je suis noir.
De ma couleur d'assombrissement, j'en suis fier.
De ma tonalité marquante, je ne sais pas quoi faire.
De mon opacité, je suis orgueilleux.
De mon état de mendiant, je boulote.
De mon piédestal de malpropreté, je suis douloureux.

ÊTRE NOIR

Oui, je suis de la couleur de la nuit.
De mon état ténébreux, j'embellis la réalité de la vie.
De mon état de peine, je vis comme une bête.
De ma situation de tristesse, je suis sur la sellette.

Oui, je suis un « negro ».
De ma négritude, j'en suis hautain.
Oui, je suis coloré.
Pourtant de mon bronzé, je suis flatté.
Oui, je suis voilé.
De mon état d'obscurcissement, je me sens faraud.

26

JE SUIS NOIR DE LA PEAU

Par Ben Wood Johnson

Je suis un nègre.
Je ne suis pas un petit-nègre.
Je ne suis pas un sale nègre.
Je ne suis pas pègre.

Je ne suis pas maigre.
Je ne suis pas aigre.
Je ne suis pas comme le vinaigre.
Je suis plutôt intègre.

Je suis un nègre marron.
Je ne suis pas un mauvais larron.
Je suis l'enfant du terroir.
Il n'y a point de doute.
Je suis noir.

Je suis noir de la peau.
Je suis noir dans les os.
Je suis noir dans les yeux.
Je suis noir dans mes cheveux.
Je suis noir même dans le noir.

Je suis noir devant les dieux de la terre.
Je suis noir devant les dieux de la mer.
Je suis noir devant les dieux de l'espace.

ÊTRE NOIR

Je suis noir sur Jupiter.
Je suis noir sur Saturne.
Je suis noir sur Mars.

Je suis noir en janvier.
Je suis noir en septembre.
Je suis noir en février.
Je suis noir en décembre.

Je suis noir devant les cieux.
Je suis noir partout où le soleil brille.
Je suis noir que le ciel soit bleu.
Je suis noir que le ciel soit gris.

Je suis noir dans le feu.
Je suis noir pour ne pas faire mes adieux.
Je suis noir dans la nébulosité.
Je suis noir dans la fumée.

Je suis noir pour le bonheur de Lucifer.
Je suis noir sur la terre.
Je suis noir en enfer.
Je suis noir pour mon propre malheur.

Je suis noir dans le ciel.
Je suis noir de mortels.
Je suis noir à perpétuité.
Je suis noir pour ne pas être envouté.
Je suis noir même au paradis.
Je suis noir pour la vie.
Je suis noir à l'infini.

Je suis noir à l'instar de l'étoile du matin.
Je suis noir pour un mal ou pour un bien.

BEN WOOD JOHNSON

Je suis noir tout comme le prince de l'obscurité.
Je suis noir tout comme un prophète démasqué.

Je suis noir tout comme un porteur de la lumière.
Je suis noir au nom du fils et non du père.
Je suis noir tout comme un chevalier de la terreur.
Je suis noir tout comme l'illusionniste émancipateur.

Je suis noir pour ne pas être un blafard.
Je suis noir pour ne pas être un cafard.
Je suis noir pour ne pas être un bâtard.
Je suis noir pour ne pas être un connard.

Je suis noir de mon propre gré.
Je suis noir de mon propre bienfondé.
Je suis noir par la malédiction du Bon Dieu.
Je suis noir par mes aïeux.

Je suis noir que la lune soit en entier.
Je suis noir que la lune soit à moitié.
Je suis noir qu'il pleut.
Je suis noir qu'il tonne.
Je suis noir sans aveu.
Je n'ai ni feu ni lieu.
Je suis noir comme un taureau sans corne.

Je suis noir par la bénédiction des mauvais esprits.
Je suis noir par martyr.
Je suis noir par délire.
Je suis noir par oubli.

ÊTRE NOIR

27

LE NOIR C'EST BEAU

Par Ben Wood Johnson

Quoi que je dise, je serai hâlé.
Quoi que je fasse, je ne peux qu'être chocolaté.
Je suis noir comme le feu qui brule.
Je suis noir comme de l'eau bouillante qui fait des bulles.

Le noir c'est ma descendance.
Le noir c'est ma décadence.
Le noir c'est ma dépendance.
Le noir c'est ma condescendance.
Le noir c'est ma désobéissance.

Le noir c'est ma pénitence.
Le noir c'est ma décadence.
Le noir c'est ma sentence.
Le noir c'est ma désobligeance.

Le noir c'est ma délivrance.
Le noir c'est mon insolence.
Ainsi, je suis noir.
Ainsi, je serai noir.
Je suis noir même dans la nuit et pendant le jour.
Noir, je le serai toujours.

Être une couleur, c'est aussi une punition.
Être une couleur, c'est ainsi un châtiment.

ÊTRE NOIR

Être une couleur, c'est irréfragable; c'est une malédiction.
Être une couleur c'est inexorablement avilissant.

La couleur de ma peau n'est pas bonne pour ma personne.
La couleur de ma peau me rend moins qu'un homme.
La couleur de ma peau me condamne à une existence
chimérique.
La couleur de ma peau me condamne à une vie cholérique.

À cause de ma noirceur, je suis condamné à souffrir.
À cause de ma noirceur, je suis condamné à gémir.
À cause de ma noirceur, je suis un homme de couleur.
Mais cette condamnation c'est pour mon malheur.

Section 8

FIER D'ÊTRE NOIR

Cette section contient une collection de quatre poèmes. Ces poèmes ont été écrits en avril 2016. Dès l'arrivée du printemps, mon cœur revivifiait d'une euphorie inégalée. C'est comme si je respirais de nouveau. Je savais que le bonheur n'était pas loin. Je savais aussi qu'il n'était pas à ma portée. Je me demandais pourquoi je n'avais pas le droit. C'est alors que je m'étais rendu compte que ma noirceur était mon châtiment. J'ai voulu marquer ce moment à l'encre rouge. J'ai choisi de faire éloge de la couleur vivifiante qui marque mon existence dans ce monde.

ÊTRE NOIR

28

C'EST LE NOIR

Par Ben Wood Johnson

Oui, je suis ébène.
Je suis fier de la couleur de mon épiderme.
Oui, je suis beau.
De mon air basané, je suis enorgueilli.
Oui, je suis macassar.
De mon état de méchanceté, je suis ébloui.
Oui, je suis comme de l'eau qui brille.
De ma clarté nébuleuse, je m'y suis habitué.
Oui, je suis noir.
Je suis bel et bien noir.
Oui, je suis morose.
À cause de la couleur de ma peau, je suis en prose.
J'incarne le froid et le chaud.
Oui, je suis bronzé.
Je me suis remis aux caprices du hasard.

Oui, je suis noir.
Je ne peux qu'être noir.
Oui, je suis moi-même.
Je ne peux qu'être le même.
Oui, je suis noir.
Je ne peux qu'être fier.
Oui, je suis noir.
Je ne peux qu'être comme ça.

ÊTRE NOIR

Oui, je suis noir.
Je suis noir que pour moi seul.
Oui, je suis un homme de couleur.
Je suis de la couleur d'un arc-en-ciel.
Oui, je suis noir en dedans.
Je suis noir en dehors.
Je serai noir jusqu'à la mort.

29

NOUS SOMMES NOIRS

Par Ben Wood Johnson

Oui, nous sommes tous noirs.
Nous ne pouvons qu'être noirs que pour nous.
Oui, nous sommes tous noirs.
Nous ne pouvons qu'être noirs que pour eux.
Oui, nous sommes tous noirs.
Nous ne pouvons qu'être noirs que pour nos aïeux.

Oui, nous sommes tous noirs.
Nous sommes fiers d'être un noir.
Nous sommes comblés pour être un noir.
Nous savons qui nous sommes.
Nous savons d'où nous venons.
Nous savons où nous sommes.
Nous savons où nous allons.

Oui, nous sommes tous noirs.
Nous sommes noirs pour l'éternité.
Nous sommes noirs dans l'iniquité.
Nous sommes noirs dans l'illégalité.
Nous sommes noirs à perpétuité.

ÊTRE NOIR

30

SANS LE NOIR

Par Ben Wood Johnson

Oui, je suis noir.
Sans le noir, nulle n'existerait pas.
Sans le noir, rien n'existerait point.
Sans le noir, le monde ne serait pas.
Sans le noir, le monde ne serait point.

Sans le noir, tout serait inodore.
Sans le noir, tout serait incolore.
Sans le noir, tout serait sans saveur.
Sans le noir, tout serait sans valeur.

Sans le noir, tout serait déprimant.
Sans le noir, tout serait accablant.
Sans le noir, il n'y aurait pas de bonheur.
Sans le noir, la vie serait malheur.

Sans le noir, la vie serait triste.
Sans le noir, la vie serait sombre.
Sans le noir, la vie serait remplie de malices.
Sans le noir, on serait tous des concombres.

Sans le noir, il n'y aurait pas le blanc.
Sans le noir, il n'y aurait pas le rouge.
Sans le noir, il n'y aurait pas le jaune.
Sans le noir, il n'y aurait pas le bleu.

ÊTRE NOIR

Sans le noir, il n'y aurait pas le marron.
Sans le noir, il n'y aurait pas le gris.
Sans le noir, il n'y aurait pas le ciel.
Sans le noir, la vie serait moins belle.

31

LE NOIR C'EST BEAU

Par Ben Wood Johnson

Le noir c'est réel.
Le noir c'est beau.
Le noir c'est éternel.
Le noir c'est comme une perle.

Le noir c'est chaud.
Le noir c'est ma peau.
Le noir c'est un lourd fardeau.
Le noir c'est un cadeau.

Le noir c'est l'alpha.
Le noir c'est l'oméga.
Le noir c'est le tout.
Le noir ça rend fou.

Le noir c'est la vie.
Le noir c'est l'infini.
Le noir c'est la joie.
Le noir c'est ma foi.
Le noir ce n'est pas un choix.
Le noir c'est le noir.

Je suis chanceux pour être noir.
Je suis heureux pour être noir.

ÊTRE NOIR

Je suis radieux pour être noir.
Je suis voluptueux pour être noir.

Je suis étourdi par le noir.
Je suis séduit par le noir.
Je suis embelli par le noir.
Je suis ravi d'être noir.
Je suis ébahi par le noir.

Je suis enchanté par le noir.
Je ne suis pas effaré pour être noir.
Je ne suis pas déhanché pour être noir.
Je sais que sans le noir, ce serait le néant.

Je reconnais qu'il n'est pas facile d'être noir dans le monde.
On ne peut pas être noir sans vivre dans l'immonde.
Être noir c'est de vivre dans la honte.
Être noir c'est de ne pas vivre pour son propre compte.
Moi, je suis fier d'être noir.

Section 9

APPRENDRE À VIVRE

Cette section contient une collection de trois poèmes. Ces poèmes ont été écrits en mai 2016. Le mois de mai est souvent réservé aux travailleurs du monde. Ce mois-ci, je réfléchissais sur ma réalité. Je ne pouvais pas comprendre l'origine de ma tristesse en terres étrangères. Je m'étais souvenu d'un passé pas trop lointain dans lequel la vie était chimère. À cette époque, je cherchais à laisser cette vie derrière moi. Toutefois, je ne pouvais pas. Pour une raison ou une autre, j'avais pu vivre dans mon pays de misère, et ceci avec ardeur.

ÊTRE NOIR

32

LÀ OÙ J'AI GRANDI

Par Ben Wood Johnson

Là où j'ai grandi, la nuit et le jour sont de la même étoffe.
L'enfer et le paradis sont sur la même longueur d'onde.
Le mal et le bien sont deux bons amis.
J'ai grandi dans un chez-soi appauvri.

Dans la pauvreté, j'ai appris à me passer de tout et de rien.
J'ai appris à vivre avec tout sauf le tout.
J'ai appris à ne vivre qu'avec rien.
J'ai appris à me défaire de moi-même.
J'ai appris à sauf garder ce que j'aie de plus cher.

Là où j'ai grandi, j'ai appris à me protéger.
J'ai appris à m'immoler.
J'ai appris à me défaire de mon être.
J'ai appris à vivre sans vivre.

Dans la pauvreté, j'ai appris à vivre avec honnêteté.
Dans mon état de misère, j'ai appris à résister mes maux.
Dans mon état de malheur, j'ai appris à alléger mes peines.
Dans mon état de dur labeur, j'ai appris à vivre dans un
étau.

De mon existence sulfureuse, j'ai appris à supporter ma
douleur.
De mon état d'indigence, j'ai appris à supporter le poids de

ÊTRE NOIR

la vie dure.
De mon malheur, j'ai appris à être sans être.
De mes épreuves, je me suis habitué à vivre dans la terreur.

Dans mon état de chasteté, j'ai appris à m'ensevelir.
Dans mon état de pénurie, j'ai appris à me faire.
Dans ma situation fétide, j'ai appris à me défaire.
Dans mon milieu nocif, j'ai appris à me refaire.
Pour sauf garder mon être, j'ai appris à me taire.

Pour ne pas devenir une victime, j'ai appris à me cacher.
Pour ne pas les laissez me crucifier, j'ai appris à
m'escamoter.
Quand c'est la vie qui parle, j'ai appris à me recéler.
Quand c'est la vie qui fait frissonner, j'ai appris à me
mortifier.
Quand c'est la vie qui le réclame, j'ai appris à me boucler
comme un âne.
Quand c'est la vie qui dérame, j'ai appris à me brider
comme un mulet.

33

LA DIGNITÉ

Par Ben Wood Johnson

J'ai un passé assez lugubre comme ça.
Je ne suis pas une victime immaculée.
Je sais que la vie est dure.
Je suis disposé à en subir.

En terres étrangères, je suis dépourvue de ma dignité.
Ici et là, la victimisation est un droit de passage.
C'est une vie indigne.
C'est une vie d'infamie.

On doit surmonter tout.
On doit être par-dessus tout.
On doit jouer le tout pour le tout.
On n'a rien à gagner.
On a tout à perdre.

La vie est insupportable, surtout quand on est noir.
On ne se soucie guère de la démise d'autrui.
Ainsi, dans ces pays, j'ai appris à vivre sans amour.
J'ai appris à vivre sans honneur.
J'ai appris à vivre sans dignité.

ÊTRE NOIR

34

Vivre en Amérique du Nord

Par Ben Wood Johnson

En Amérique du Nord, je vis sans boucliers.
Je suis un sanglier.
Je vis parmi des gibiers.
Je vis parmi des braconniers.

En Amérique du Nord, je vis parmi des chasseurs.
Je vis parmi des malfaiteurs.
J'évolue parmi des haïssables.
J'évolue parmi des déplorables.

En Amérique du Nord, je ne suis pas un héros.
Je ne suis pas un preux.
Je ne suis pas un génie.
Je ne suis pas un brave.
Je ne suis pas de la pomme à croquer.

En Amérique du Nord, je ne suis pas un sauveur
d'hommes.
Je ne suis pas un mangeur d'hommes.
Je ne suis pas un surhomme.
Je ne suis pas un sous-homme.

En Amérique du Nord, j'ai appris à me renchérir.
J'ai appris à me reconstruire.

ÊTRE NOIR

J'ai appris à me bâtir.
Je suis prêt à devenir un martyr.

En Amérique du Nord, j'ai appris à vivre ma vie.
J'ai appris à apprécier ma vie.
J'ai appris à être inanimé.
J'ai appris à être détesté.

En Amérique du Nord, j'ai appris à me désarmer.
J'ai appris à me bredouiller.
J'ai appris à me malmener.
J'ai appris à me consoler.

En Amérique du Nord, j'ai appris à être vilipendé.
J'ai appris à être châtié.
J'ai appris à être congédié.
J'ai appris à être vassalisé.

En Amérique du Nord, je maintiens mes pieds sur terre.
J'ai appris à être comme ma mère.
Ma mère était une femme comme la nature ne fait point.
Elle était une héroïne comme il n'y en a point.

En Amérique du Nord, je vis selon les rituels de ma mère.
J'ai appris à accepter mon présent amer.
Je ne m'attends pas à grand-chose.
Je ne peux qu'être morose.

Ma mère était juste.
Ma mère était auguste.
Ma mère était immaculée.
Ça, c'est mon hérédité.

MA MÈRE (MAMA)

Cette section contient une collection de quatre poèmes. Ces poèmes ont été écrits entre août et septembre 2016. Ma mère, Immacula (Mama). Était une force vivifiante dans ma vie. Elle m'a tout inculqué, surtout l'honneur, la dignité, l'intégrité et la nécessité de labourer pour gagner ma baguette quotidienne. Face à mon échec en terres étrangères, j'avais voulu comparer la vie de ma mère avec la mienne. Le constat était horrible. Je ne pouvais plus supporter l'ampleur de la nausée de ma réalité en effervescence en Amérique du Nord. J'ai toujours su que la vie n'était pas facile. Je m'efforçais pour une vie meilleure. Une fois arrivé en Amérique du Nord, j'ai vite compris que mes efforts n'avaient rien à voir avec mon succès ou ma défaite. Je me suis rendu compte que je n'avais plus le contrôle de ma vie. Je sentais que je n'étais plus en contrôle de mon destin.

ÊTRE NOIR

35

MON HÉRITAGE SACRÉ

Par Ben Wood Johnson

Ma mère était une couturière.
Elle était toujours cousue.
Elle était toujours en branle.
Elle savait comment confronter la vie à plein fouet.
Elle était une femme d'homme.
Le Grand Atlas ne pouvait pas s'y comparer.

Ma mère était très forte.
Elle était féroce.
Ses prouesses n'étaient comparables qu'à celles des déesses.
Ma mère était comme Séléné, Artémis ou Némésis.
Elle était femme même dans ses entrailles.
Ses cris étaient comparables seulement avec celles des
lionnes en liesse.

Ma mère était très réputée.
Avec sa compétence, elle était en éminence.
Ma mère était capable de subvenir aux besoins de la
maisonnée à elle seule.
Avec sa dextérité, elle pouvait nourrir toute une armée.

Avec une machine à coudre de Singer, ma mère survivait.
Elle fabriquait des vêtements pour les gens du quartier.

ÊTRE NOIR

Elle n'a jamais dépendu de personne, encore moins d'un homme.

Ma mère était la maitresse de ses maitres, si maitres elle en avait.
Elle était au-dessus de tous sauf soi-même.
Elle était une reine sans sujets.
Elle était un monarque sans une monarchie.
Elle était une reine sans un trône.

Ma mère était un gouverneur sans gouvernants.
Elle gouvernait sans les gouvernés.
Elle s'adonnait à soi-même pour pâlir à nos demandes.
Elle avait renoncé à soi-même pour nous permettre de vivre au-delà de la chance.
Elle était notre servante.
Elle régnait dans son monde à toute-puissance.

Ma mère nous a professé la valeur du labeur.
Elle le faisait jour et nuit.
Elle était une laborieuse comme on en fait plus.
Elle tâtonnait chaque jour un peu plus.

Ma mère voulait vivre avec dignité.
Elle ne voulait pas qu'on la fasse pitié.
Elle avait pris son destin en main.
Elle luttait pour sauf garder les siens.

Ma mère labourait comme une petite fourmi imbibée dans la démence.
Elle pataugeait dans la clémence.
Elle était prête à vous aider à subir la vie sans réticence.
Ma mère était la bienséance.

36

UNE FLAMME

Par Ben Wood Johnson

Ma mère était l'amour.
Ma mère était la compassion.
Ma mère était le pardon.
Ma mère était le bonheur.
Ma mère était l'espoir.
Ma mère était le bien.

Ma mère était la complaisance.
Ma mère était vengeance.
Ma mère était la décence.
Ma mère était l'innocence.
Ma mère était la balance.

Ma mère était mystère.
Ma mère était chimère.
Ma mère était misère.
Ma mère était soleil.
Ma mère était émerveillée.
Ma mère était comme un arc-en-ciel.
Ma mère était mortelle.

Ma mère s'efforçait sans répit pour mon bonheur.
Ma mère se sacrifiait matin et soir.
Ma mère le faisait pour le bien-être de mes sœurs et frères.

ÊTRE NOIR

Ma mère était Dieu.
Ma mère était païenne.
Ma mère était ma mère.

Ça, c'est mon hérédité de majestueuse.
Ça, c'est mon présent honteux.
Ça, c'est mon passé miséreux.
Ça, c'est mon présent désastreux.

Ça, c'est mon patrimoine sacré.
Ça, c'est mon histoire de fées.
Ça, c'est mon vécu.
Ainsi, le passé de ma mère c'est mon advenu.

Ma mère était une flamme illuminée.
Ma mère était passionnée.
Ma mère était déchainée.
Ma mère était à la fois indomptable et indomptée.

37

LA VIE EN ROSE

Par Ben Wood Johnson

Avec ma mère, la vie n'était pas toujours belle.
La vie n'était même pas idéale.
La vie n'était pas inouïe.
On s'y habituait.

On ne s'attendait pas à une vie de rêve.
On ne s'attendait pas à une vie de royauté.
On n'était pas des rêveurs.
On était des travailleurs.
On ne vivait que pour vivre.

Nous nous labourions tous les jours pour une vie meilleure.
On savait que la vie n'était pas de l'eau douce qui coule
comme un ruisseau.
On savait que la vie n'était pas comme du sirop de miel.
On ne vivait pas à l'attente de la manne du ciel.

On ne vivait pas une vie princière.
On ne vivait pas dans le luxe.
On vivait comme des petits oiseaux dans une demeure de
bâtonnets de bois sous un arbre perché.
L'adversité était toujours à notre portée.
La vie ne nous avait pas fait cadeau.

ÊTRE NOIR

On était submergé dans la pauvreté.
Oui, on savait qu'on était pauvre.
Oui, on savait que la vie était coriace.
On ne voyait pas la vie en rose.

On luttait pour tout et pour rien.
On se mortifiait pour gagner notre pain quotidien.
On y était fiers.
Avec nos faibles moyens.
On vivait bien quand même.

38

DANS MON PAYS DE MERDE

Par Ben Wood Johnson

Dans mon pays de misère, j'ai connu la faim.
Dans mon pays de dénuement, j'ai connu la vilénie.
Dans mon pays de malheur, j'ai connu la vie plantureuse.
Dans mon pays de tatane, j'ai connu l'incertitude.

Dans mon pays de mistoufle, j'ai connu la peur.
Dans mon pays de crasse, j'ai connu la crainte.
Dans mon coin de godasse, j'ai connu la famine.
Je n'ai jamais connu la détresse.
Je n'ai jamais été dépourvue d'allégresse.

Dans mon état de chagrin, j'ai connu le tourment.
Dans mon état de privation, j'ai connu le déboire.
Dans mon apogée de tristesse, j'ai connu l'espérance.
Je n'ai jamais connu le désespoir.

Loin de chez moi, la privation est mon seul ami.
Loin de chez moi, le découragement me courtise.
C'est comme si j'étais une femme en chaleur.
Loin de chez moi, l'accablement me poursuit sans relâche.
Loin de chez moi, je vis comme un lâche.

C'est ça ma réalité en terres étrangères.
Je me suis laissé faire.
Je vis dans un état de gêne.

ÊTRE NOIR

Je me livre au présent dégradant qui m'entraine
C'est un état de salubrité qui m'emmène.

Section 11

UNE MAUVAISE PENTE

Cette section contient une collection de quatre poèmes. Ils ont été écrits entre novembre 2016 et avril 2017. Au crépuscule de mes vingtaines, j'avais dû laisser mon pays d'origine pour immigrer en terres étrangères. Cela a été une très mauvaise décision de ma part. À ce carrefour épineux de ma vie, je réfléchissais sur ma réalité dans des pays étrangers. Je réfléchissais sur mon regret d'avoir tout laissé derrière moi, y compris ma mère. En une journée triste et sombre, j'avais dû parcourir la terre tout entière dans ma tête. Je m'étais souvenu des moments les plus glorieux de ma vie. Vers la fin de la journée, j'avais dû faire face à ma réalité putride. Ce n'était pas du tout beau. Comme d'habitude, j'avais dû prendre refuge dans mes écrits pour relater mes moments les plus endoloris en terres étrangères.

ÊTRE NOIR

39

PRENDRE LE MAQUIS

Par Ben Wood Johnson

Pour moi, la vie vient de prendre une mauvaise tournure.
C'est un carrefour pénible de mon existence.
J'avais dû laisser mon pays de naissance.
J'avais dû abandonner mon nid.
J'avais dû m'envoler au-delà de ma terre natale.
J'avais dû m'arracher des seins de ma mère.
J'avais dû tout faire pour ne pas être enfoui sous terre.

J'avais dû perdre mon essence.
J'avais dû faire face à la nonchalance.
J'avais dû tout abandonner pour ne pas tout perdre.
J'avais dû me défaire pour me refaire.

J'avais dû m'enfuir.
J'avais dû m'évader.
J'avais dû m'isoler.
J'avais dû me découcher.
J'avais dû me déraciner.

J'avais dû prendre le maquis.
J'avais dû prendre refuge dans un lieu hostile.
J'avais dû être vu comme un voleur de pays.
J'avais dû être vu comme un destructeur de société.
J'avais dû être vu comme un usurpateur de patrie.

ÊTRE NOIR

Je suis devenu une petite fourmi.
Je suis face à des mangeurs de la chair.
Je suis face à des chahuteurs de l'esprit.
Je suis face à des fourmiliers.

Ils me guettent partout.
Ils veulent me manger.
Ils veulent me mettre sous les verrous.
Ils veulent que je vive dans un trou.

40

ÊTRE PERDU SUR TERRE

Par Ben Wood Johnson

À présent, je suis seul.
À présent, j'ai le cœur en deuil.
À présent, j'ai l'âme en peine.
À présent, je vis dans le dédain.
À présent, je vis dans la haine.

À présent, j'ai perdu ma raison de vivre.
À présent, la malveillance me rend ivre.
À présent, je fonds comme du cuivre.
À présent, je vis à la dérive.

Sous le poids de mon état suffoquant, je me suis pendu.
Sous le poids de mon malheur, je me suis indu.
Sous le coup de ma réalité, je me suis vendu.
Sous le coup de mon état de tristesse, je me suis rompu.
Dans mon état de maladresse, je me suis combattu.
Face à ma faiblesse, je me suis rendu.

À ce jour, je n'ai pas de présent certain.
À ce jour, je suis pris dans le pétrin.
À ce jour, j'ai égaré mon passé.
À ce jour, je navigue l'océan de la vie comme un petit
bateau dévoilé.

ÊTRE NOIR

À ce jour, je n'ai pas de future.
À ce jour, j'ai mon dos contre le mur.

Maintenant, je suis perdu sur terre.
Maintenant, je suis perdu en mer.
Maintenant, je n'ai point d'espace.
Maintenant, je me tasse.
Maintenant, je me casse.
Maintenant, il ne faut pas que je m'entasse.
Hélas !
Quoi que je dise ou quoi que je fasse.
Je m'enlace.

Quel malheur pour moi !
Quelle misère pour moi !
Qu'est-ce que je peux faire ?
Je ne peux plus être sans ne pas être.
Je n'en peux plus, tout simplement.

41

DANS LA CONSTERNATION

Par Ben Wood Johnson

En terres étrangères, je vis dans la consternation.
En terres étrangères, je vis dans la désolation.
En terres étrangères, je vis dans un trou tonitruant.
En terres étrangères, je vis comme un juif errant.
En terres étrangères, ça n'aurait pas dû être ainsi.

Dans ces milieux, j'ai beaucoup parcouru.
Dans ces milieux, j'ai tout vu.
Dans ces milieux, j'ai tout entendu.
Dans ces milieux, je me suis abstenu.

Dans ces milieux, j'ai suivi les règles.
Dans ces milieux, j'ai adhéré aux principes.
Dans ces milieux, je me suis tu.
Dans ces milieux, je me suis dépourvu.

Pourquoi suis-je devenu un cobaye ?
Pourquoi vis-je comme du bétail ?
Pourquoi on me traite comme un chien sans maitre ?
Pourquoi on me refuse le droit d'être ?
C'est parce que je suis noir peut-être.

En terres étrangères, je me sens délaissé.
En terres étrangères, je suis abandonné.

ÊTRE NOIR

En terres étrangères, j'ai assez de capacités.
En terres étrangères, je suis déculotté.

En terres étrangères, je rêvais d'une vie meilleure.
En terres étrangères, je voulais surpasser ma mère.
En terres étrangères, c'est tout le contraire.
En terres étrangères, je ne peux rien faire.
En terres étrangères, je ne peux que me taire.
En terres étrangères, je suis un bouc émissaire.

En terres étrangères, j'ai du talent.
En terres étrangères, je ne veux pas être la risée du monde.
En terres étrangères, je suis la risée de tout le monde.
En terres étrangères, je suis une pâte à modeler.
En terres étrangères, je suis ensorcelé.

En terres étrangères, je suis une paire de chaussettes.
En terres étrangères, je suis délaissée dans la boue.
En terres étrangères, je suis à bout de tout.
En terres étrangères, je suis à bout de souffle.
En terres étrangères, je suis un perdant.

En terres étrangères, je suis décousu.
En terres étrangères, je suis abattu.
En terres étrangères, je suis mordu.
En terres étrangères, je suis un parvenu.

En terres étrangères, je suis vilipendé.
En terres étrangères, je suis bafoué.
En terres étrangères, je suis décrié.
En terres étrangères, je suis injurié.
En terres étrangères, je vis comme un Azibé.

BEN WOOD JOHNSON

Pourquoi me traitent-ils avec autant de mépris ?
Pourquoi m'injurient-ils avec autant d'ardeur ?
Pourquoi me détestent-ils avec autant de passion ?
Pourquoi suis-je honni ?
Je n'y comprends absolument rien.
Ça, c'est ma consternation.

ÊTRE NOIR

42

OPPORTUNITÉ DE LABEUR

Par Ben Wood Johnson

En terres étrangères, je suis assez érudit.
En terres étrangères, je suis assez instruit.
En terres étrangères, je n'ai pas d'opportunité de labeur.
Chaque jour que dieu fait, j'en plaide et j'en plaide.
Personne ne vient à mon aide.
J'ai de la capacité que peu détiennent.
Dans ces pays maudits, j'en rêve, j'en crève.

Dans ces milieux, je possède peu.
Dans ces milieux, toutes les portes sont fermées.
Dans ces milieux, qu'est-ce qui m'arrive ?
Dans ces milieux, pourquoi on me déclive.
Dans ces milieux, pourquoi on me mortifie tant ?
Dans ces milieux, pourquoi suis-je un perdant ?

Pourquoi personne ne soit venu à mon réconfort ?
Je ne leur ai fait du tort.
Je ne leur ai fait aucun mal.
Je ne le comprends pas.
Je ne l'appréhende pas.
Mon malaise est tangible.
Mon existence est devenue si fragile.

ÊTRE NOIR

UN EXOTIQUE

Cette section contient une collection de quatre poèmes. Ils ont été écrits entre janvier et mars 2017. Pendant mon enfance, j'avais appris à vivre comme un homme libre. Mon honneur était le plus important. Je m'étais rendu compte que la vie en terres étrangères était aussi mauvaise que celle dont j'expérimentais dans mon pays. Je ne m'attendais pas à une telle réalité. Je relate cette expérience à cœur ouvert. À l'arrivée du printemps, j'étais déconcerté. Je ne voulais pas que le mois d'avril me sursaute dans un état de malaise. Après avoir supporté un froid acerbe pendant l'hiver précédent, un écho de nostalgie résonnait dans mon cœur. Je remémorais la fraicheur des palmiers dans l'ombre du soleil. Je revivais l'odeur des orangers en zeste dans l'acide de citronnelle. Je pensais au parfum des champs de canne à sucre. La nostalgie m'avait pris en otage.

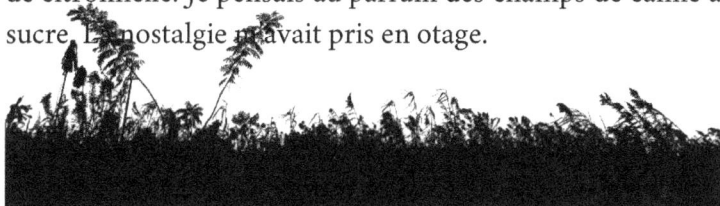

ÊTRE NOIR

43

EN TERRES ÉTRANGÈRES

Par Ben Wood Johnson

Je vis sur la toiture des terres étrangères.
Quel malheur pour moi !
Quelle horreur pour mes progénitures !
Quelle tristesse pour mon ménage !
Je ne m'y attendais pas à vivre comme ça.

J'étais heureux d'avoir foulé le sol de ces pays.
C'était une grande opportunité.
De plus en plus, je me sens ancré dans des milieux nocifs.
Je me sens comme un petit bateau pris dans un récif.

C'est le pire que je n'aie jamais connu.
Dans ces milieux, je suis un inconnu.
Dans ces milieux, je marche avec les pieds nus.
Dans ces milieux, je patauge les champs.
Dans ces milieux, je patauge les rues.
Quoi que je fasse ou quoi que je dise, je suis un malvenu.

En terres étrangères, je suis dépité.
En terres étrangères, je me sens dégradé.
En terres étrangères, j'ai un avenir gâché.
En terres étrangères, je suis importuné.

ÊTRE NOIR

Les terres étrangères sont des lieux de canaille.
Ce sont des endroits de mouscaille.
Je vis dans la pagaille.
Je vis comme de la racaille.

Ce sont des pays de merde.
Ce sont des pays qui emmerdent.
Ce sont des pays de haine.
Ce sont des pays de peine.

Ce sont des milieux où l'injustice fait rage.
Je me sens cloitré dans une cage.
On me traite comme un sauvage.
Je vis dans les nuages.
Je n'ai point de courage.
Je vis dans l'outrage.

Ce sont des pays de lois.
Je ne sais pas si c'est de la mauvaise foi.
Je me sens dépourvu de choix.
Je n'ai aucun droit.
Je ne me sens pas dans mon drap.
Je marche avec des jambes de bois.

Je n'en crois pas mes yeux.
Je ne me retrouve pas dans ces milieux.
On me traumatise à qui mieux mieux.
Ce sont des milieux épineux.

Je ne m'y attendais pas à vivre une telle réalité.
Je ne m'y attendais pas à évoluer dans un tel merdier.
Les terres étrangères sont trompeuses.
Les terres étrangères sont capricieuses.

BEN WOOD JOHNSON

Des terres étrangères, je m'étais illusionné.
En terres étrangères, je me suis trompé.
Des terres étrangères, je m'étais ébloui.
Je maudis le jour quand j'ai quitté là où je suis né.

ÊTRE NOIR

44

MAUDIT SOIT CE JOUR

Par Ben Wood Johnson

J'abomine le jour quand je suis devenu une couleur.
Je déteste le jour quand je me suis largué dans le noir.
Je frémis à la mémoire de cette journée.
Je me suis rendu compte de ma laideur.
Je me flétris pour ne pas vouloir être noir.

J'abhorre le jour quand j'ai laissé mes racines.
Je damne le jour quand je me suis enfoncé dans l'abime.
Je maudis le jour quand j'ai abdiqué à ma patrie.
Je lamente le jour quand j'ai délaissé mon pays.

Je me hais pour avoir fait de moi un couard.
Je m'exècre pour avoir fait de moi un trouillard.
Je m'anathématise pour m'être transformé en un froussard.
Je suis devenu un bobard.

J'ai honte de moi.
Je suis qui ?
Je suis quoi ?
Je suis indigné de ce que je suis.
Je redoute ce que je fus.
J'ai peur de ce que je pourrais devenir.
Je me déteste.
Je suis une peste.

ÊTRE NOIR

Oui, je regrette d'avoir pris le maquis.
Oui, je gémis de m'avoir banni.
Oui, je sanglote pour avoir emprunté le chemin de la
bassesse.
Oui, j'en ai marre de ma petitesse.

Je me châtie pour avoir choisi le déshonneur.
Je me suis terni pour avoir pris la route du malheur.
Je vis sans ardeur.
Je vis dans la terreur.

Je me suis avili.
Je me suis mal choisi.
Je me suis menti.
Je me suis séduit.

Maintenant, je vis la vie d'un poltron.
Maintenant, je me sens comme un chiffon.
Sans façon, on me boucle comme un ceinturon.
Sans façon, je suis comme un torchon.
Sans façon, on me traite comme un cochon.
Sans façon, je suis un cornichon.

45

Lᴇᴜ ᴅᴇ ʀᴇꜰᴜɢᴇ

Par Ben Wood Johnson

Les terres étrangères ne sont pas des lieux de refuge.
Ce sont des milieux de subterfuge.
Ce sont des goulags modernisés.
Ce sont des pièges pour les personnes à la peau colorée.

Pour le dire franchement, je n'aime pas ces lieux.
J'aurais préféré retourner dans mon pays de misère.
Pour le dire brutalement, je déteste ces endroits.
J'aurais préféré vivre dans le désert.
Pour le dire honnêtement, je redoute ces pays.
J'aurais préféré la galère.
Pour le dire tout bonnement, j'abhorre ces coins houleux.
J'aurais préféré le calvaire.

J'aurais préféré la mort.
Je choisirais le néant si cette dernière en voulait de moi.
J'aurais préféré la réclusion.
J'adopterais celle-ci, si de cette dernière j'y avais le droit.
De cette situation d'angoisse, je n'en peux plus.
Hélas, je voudrais retourner chez moi.

Je suis dans une situation difficile en terres étrangères.
Dans ces milieux, les gens n'ont pas de cœur.

ÊTRE NOIR

Dans ces milieux, les gens vous affligent.
Dans ces milieux, les gens vous infligent.

Dans ces milieux, les gens vous délogent.
Dans ces milieux, les gens vous dégorgent.
Dans ces milieux, les gens vous dérogent.
Dans ces milieux, les gens vous regorgent.

Dans ces milieux, les gens vous abasourdissent.
Dans ces milieux, les gens vous étourdissent.
Dans ces milieux, les gens vous déchirent.
Dans ces milieux, les gens vous chavirent.

Dans ces milieux, les gens vous démantibulent.
Dans ces milieux, les gens vous désarticulent.
Dans ces milieux, les gens vous déhanchent.
Dans ces milieux, les gens vous débranchent.
Dans ces milieux, les gens vous étanchent.
Dans ces milieux, les gens vous retranchent.
Dans ces milieux, les gens vous démanchent.

Dans ces milieux, les gens vous assaillent de tous les côtés.
Dans ces milieux, les gens vous conjuguent sans amitié.
Dans ces milieux, les gens vous traitent sans dignité.
Dans ces milieux, les gens vous acculent comme un péché.
Dans ces milieux, les gens vous traitent sans pitié.

46

ÊTRE DÉCOUSU

Par Ben Wood Johnson

En terres étrangères, les gens se cachent derrière leurs lois.
En terres étrangères, les gens vous dérobent en plein jour.
En terres étrangères, les gens vous humilient sans détour.
En terres étrangères, les gens vous chamaillent.
En terres étrangères, les gens vous déraillent.
En terres étrangères, les gens vous bousculent.
En terres étrangères, les gens vous basculent.

Pour la plupart, ce sont des escrocs.
Pour la plupart, ce sont des bandits.
Pour la plupart, ce sont des forbans.
Pour la plupart, ce sont des larrons.
Pour la plupart, ce sont des fripouilles.
Pour la plupart, ce sont des lâches.

J'aurais préféré vivre en enfer.
Je m'y rendrais si la porte de ce dernier m'y était ouverte.
J'aurais préféré vivre dans la boue.
Je le ferais s'il n'y avait pas mieux d'être.
J'aurais préféré vivre dans mon pays de crotte.
Je le ferais si de mon aura putride j'en pouvais supporter.
J'aurais préféré retourner dans ma grotte.
Je le ferais si cette dernière n'était pas déjà effondrée

ÊTRE NOIR

Section 13

LIVRÉ À MOI-MÊME

Cette section contient une collection de quatre poèmes. Ils ont été écrits entre juin et septembre 2017. Il est parfois choquant de faire face à sa réalité. Ce jour si triste, j'avais dû me confronter. Ce jour-là, je m'étais rendu compte que j'étais tout seul dans ce monde. Je m'étais rendu compte que j'étais livré à moi-même. Ce n'était pas du tout facile d'admettre cette conjecture surréelle. Quelque part, je m'étais aussi rendu compte que j'étais un survivant. Je m'étais rendu compte que toute ma vie j'ai toujours été livré à moi-même. J'ai beaucoup vécu dans ma jeune vie. Pour une raison quelconque, je suis acculé. Pourtant, je suis un homme intègre. Pourtant, je suis un homme juste. Sous le coup de ma réalité, je me suis perdu. Pendant mon état d'inquiétude, j'avais oublié qui je suis. J'ai oublié qui je fus.

ÊTRE NOIR

Il m'a fallu réfléchir à fond pour voir que je n'ai jamais été le problème. Sinon, j'ai toujours été l'objet du problème. J'avais appris à accepter ma réalité. J'avais pu le faire bien qu'amère qu'elle puisse être. C'est ça mon patrimoine.

47

À L'INSTAR DE MA MÈRE

Par Ben Wood Johnson

À l'instar de ma mère, je suis un souffrant.
À l'instar de ma mère, je suis un survivant.
À l'instar de ma mère, je suis un croyant.
À l'instar de ma mère, je suis un petit géant.

À la manière de ma mère, j'ai appris à me débattre.
À la manière de ma mère, j'ai appris à me combattre.
À la manière de ma mère, j'ai appris à ne pas succomber.
À la manière de ma mère, je résiste aux coups de la vie.
À la manière de ma mère, je sais vivre dans le mépris.

À l'instar de ma mère, je suis un homme honnête.
À l'instar de ma mère, je ne baisse jamais la tête.
À l'instar de ma mère, je vis sur le qui vit.
À l'instar de ma mère, je sais vivre une vie pourrie.

À l'instar de ma mère, je suis livré à moi-même.
À l'instar de ma mère, j'ai déjà chanté mon requiem.
À l'instar de ma mère, je me livre à mon destin funeste.
À l'instar de ma mère, je me livre à la vie qui m'emmène.
À l'instar de ma mère, je m'abdique à ceux qui m'aiment.

À la manière de ma mère, je ne suis pas parfait.
À la manière de ma mère, je suis humble.
À la manière de ma mère, je ne peux pas prétendre l'être.

ÊTRE NOIR

À la manière de ma mère, je ne suis pas un petit prince.
À la manière de ma mère, je ne suis pas descendu du ciel.
À la manière de ma mère, je suis un mortel.
À la manière de ma mère, je vis ma vie avec fierté.
À la manière de ma mère, je vis comme elle l'aurait fait.

Aujourd'hui, j'ai trois nourrissons.
Aujourd'hui, j'ai une femme qui ne vit que pour moi.
Aujourd'hui, nous existons que pour nos petites créations.
Aujourd'hui, je ne peux pas les laisser dans l'abandon.
Aujourd'hui, je ne vis que pour mes petits poupons.

À l'instar de ma mère, je dois protéger mes progénitures.
À l'instar de ma mère, je les garde contre le vent qui court.
À l'instar de ma mère, je dois les mimer tous les jours.
À l'instar de ma mère, je vis au jour le jour.
À l'instar de ma mère, je dois les combler d'amour.

48

ÊTRE UN SURVIVANT

Par Ben Wood Johnson

Peu importe ma réalité, je ne cesserais jamais d'être moi.
Dans la sainteté, je vivrais toute ma vie.
Dans la saleté, je ne me baignerais jamais.
Dans la méchanceté, je ne m'abdiquerais jamais.

Il m'importe peu mon état de déboire.
Je ne me lâcherais pas aux caprices de mes capteurs.
Il m'importe peu mon état de désespoir.
Je ne deviendrais pas leur trophée.
Il m'importe peu que je sois dans un trou noir.
Je ne deviendrais pas leur conquête.
Il m'importe peu que je sois en émoi.
Je ne me rendrais jamais à mes prestidigitateurs.

Il m'importe peu mon état de frayeur.
Je ne m'agenouillerais jamais devant leurs pieds.
Il m'importe peu mon état de calomnie.
Je ne m'inclinerais jamais pas même devant leur dieu.
Il m'importe peu l'amplitude de mes pleurnicheries.
Je ne renoncerais jamais à mon être englouti.
Il m'importe peu l'immensité de ma douleur.
Je ne deviendrais pas une proie de leur société d'infamie.

ÊTRE NOIR

Ma compétence dépasse le rêve le plus fou de ma mère.
Pourtant, je ne peux pas survivre au-delà de la chance.
Je suis à la recherche de la clémence.
Je me rapproche plus près de la démence.

En terres étrangères, l'aubaine me fait défaut.
En terres étrangères, la chance me glisse entre les doigts.
En terres étrangères, le bonheur me filoute.
En terres étrangères, la fortune m'évade.

En terres étrangères, je suis livré à mon destin amer.
En terres étrangères, je suis à bout de patience.
En terres étrangères, je ne peux pas survivre.
Je ne peux pas subvenir aux besoins de ma demeure.
En terres étrangères, je ne peux pas être un homme.
En terres étrangères, je suis comme un scotome.
En terres étrangères, je suis croqué comme une pomme.
En terres étrangères, je suis réduit comme une gomme.

En terres étrangères, je ne peux pas vivre avec dignité.
Je ne peux pas me procurer même mon pain quotidien.
En terres étrangères, je n'ai rien.
En terres étrangères, je n'y peux rien.
En terres étrangères, je ne peux pas survivre.
En terres étrangères, je suis un vaurien.

49

PERDURER DANS LA HONTE

Par Ben Wood Johnson

Je vis dans la honte.
Je vis dans la déception.
Je vis dans le bourdon.
Je vis dans la démoralisation.
Je vis dans le découragement.

Je m'immole pour ne pas être immolé.
Je me bannis pour ne pas être châtié.
Je me sacrifie pour ne pas être sacrifié.
Je me berne pour ne pas être berné.
Je me suis ternie pour ne pas être délavé.

Je vis dans le dédain.
Pour certains, je suis un vilain.
Pour d'autres, je suis damné.
Je vis dans l'embarras.
Je vis dans l'abaissement.
Je n'ai point de dignité.

Je vis dans le déshonneur.
Je vis dans la dégradation.
Pour certains, je suis un ignoble.
Pour d'autres, je suis un invalide.

ÊTRE NOIR

Je vis dans l'effronterie.
Je vis dans le mépris.

Qu'est-ce que je leur ai fait ?
Pourquoi me traitent-ils comme un sans vergogne ?
Qu'est-ce que je leur ai fait ?
Pourquoi me traitent-ils comme un insolent ?
Qu'est-ce que je leur ai fait ?
Pourquoi me traitent-ils comme un sans valeur ?
Je n'y comprends rien.

50

EN TERRES ÉTRANGÈRES

Par Ben Wood Johnson

En terres étrangères, je suis un homme brisé.
En terres étrangères, j'ai tout perdu.
En terres étrangères, j'ai perdu mon nom.
En terres étrangères, j'ai perdu mon ton.

En terres étrangères, je n'ai plus de rythme dans mon être.
En terres étrangères, je vacille.
En terres étrangères, je ne sais pas où me mettre.
En terres étrangères, mon cœur est dépourvu de systolique.
En terres étrangères, mon âme est apoplectique.

En terres étrangères, je suis ému.
En terres étrangères, je suis infoutu.
En terres étrangères, je suis malheureux.
En terres étrangères, je suis cagneux.
En terres étrangères, je me sens déplumé.
En terres étrangères, je me sens dépouillé.

En terres étrangères, je suis déboussolé.
En terres étrangères, je suis désemparé.
En terres étrangères, je n'ai plus de piste.
En terres étrangères, ma vie est si triste.

En terres étrangères, j'ai perdu mon visage.
En terres étrangères, c'est le carnage.

ÊTRE NOIR

En terres étrangères, je ne sais plus où aller.
En terres étrangères, en petits morceaux, je suis émietté.

En terres étrangères, j'ai perdu ma place.
En terres étrangères, j'ai perdu ma trace.
En terres étrangères, j'ai perdu ma classe.
En terres étrangères, je m'entasse.

En terres étrangères, j'ai perdu ma monture.
En terres étrangères, je n'ai pas de suture.
En terres étrangères, j'ai perdu ma culture.
En terres étrangères, je n'ai pas de future.

Oui, j'ai tout essayé.
Oui, j'ai frappé et frappé à toutes les portes.
Oui, j'ai quémandé à tout le monde.
Oui, j'ai quémandé même aux mendiants.
Oui, ils m'ont tous réfuté.

Personne ne semble se soucier de moi.
Personne ne semble se soucier de ma famille.
Ainsi, je m'abdique à moi.
Ainsi, je m'abandonne à mon destin vil.

JE SUIS CREVÉ

Cette section contient une collection de quatre poèmes. Ils ont été écrits entre décembre 2017 et janvier 2018. Le mois de décembre symbolise la joie pour moi. C'est un moment d'allégorie. C'est l'une des plus belles époques de ma vie. Je n'avais jamais connu la monotonie pendant le mois de décembre. Ce mois-ci, je me suis senti emparé par une vague de tristesse. C'était comme si la fin du monde s'approchait de moi à toute vitesse. Je ne pouvais même pas trouver un faux sourire en dessous de mes joues. C'est comme si mes lèvres s'étaient refermées sur elles-mêmes. Tout le mal de la planète avait rebondi sur moi. Je me sentais visé. J'étais une étoile en plein jour. C'est comme si tout le monde me regardait. Je ne pouvais voir personne. Je me sentais sous une loupe. Je recevais des appels de téléphone anonymes. Je recevais des courriers anonymes.

ÊTRE NOIR

Je me sentais sous surveillance. Un jour, j'avais même repéré un drone qui survolait au-dessus de ma maison. C'était révoltant. C'était équerrant. C'était effrayant.

51

ÊTRE FATIGUÉ

Par Ben Wood Johnson

À présent, je suis fatigué.
À présent, je ne sais quel saint évoquer.
À présent, je ne sais quel dieu implorer.
À présent, je ne sais quel esprit malin dois-je invoquer.

À présent, je suis cloitré.
À présent, je suis coincé.
À présent, je suis épuisé.
À présent, je suis empêtré.
À présent, je suis désorienté.

Ma force m'a trahi.
Je ne peux plus me soutenir.
La vieillesse me tient en captivité.
Je ne peux plus être ce que je fus.
Je suis un otage de ma faiblesse.

Je ne peux plus me trainer.
Je ne peux plus surmonter mes obstacles les plus difficiles.
Je ne peux plus résister aux assauts de mon milieu.
Tout simplement, je n'en peux plus.

J'en ai marre de cette société d'apartheid.
J'en ai marre de ce milieu à l'envers.
J'en ai marre de cette société qui n'existe que pour soi.

ÊTRE NOIR

J'en ai marre du racisme.
J'en ai marre de la discrimination.
J'en ai ras le bol de cette société d'exclusion.

J'en ai marre de ce milieu perdu dans la haine.
J'en ai assez de ce milieu perdu dans le dédain.
J'en ai trop de ce paysage qui n'exhibe que de la honte.
Ici-bas, la violence et l'apathie sont les normes.
Je voudrais retourner dans mon pays.

Je n'ai point un lieu pour reposer mon corps.
Le passé m'a fait du tort.
Je n'ai point une place pour somnoler mon âme.
Je vis sans un état d'âme.

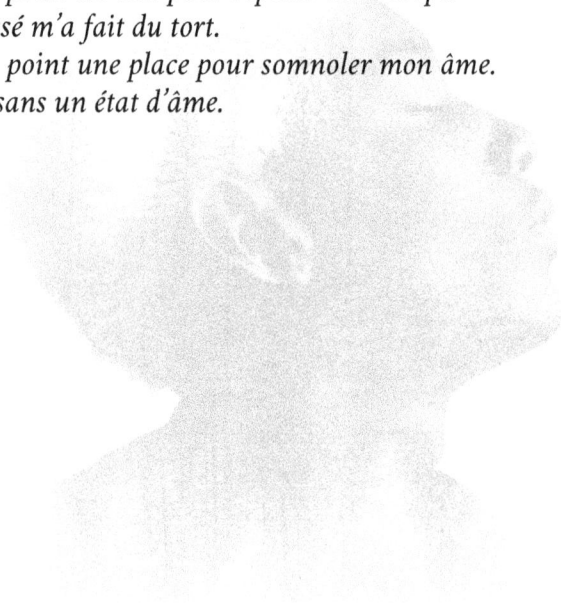

52

Pour une raison

Par Ben Wood Johnson

Je vis dans le branlebas.
Je patauge dans le fracas.
Je vis dans le fatras.
Je suis croqué.
Je suis affalé.
Je me sens comme un cerceau.
Je me sens étendue comme un yoyo.

Je me sens comme un énergumène.
Je me sens dépossédé.
Je n'ai point un toit pour recouvrer mon esprit abattu.
Je n'ai point un lieu pour être moi-même.
Je suis décousu.
Je suis forcené.

Je n'ai pas un sou.
Je n'ai rien du tout.
Je nage dans l'amertume.
Je vis dans le chagrin.
Je vis dans le dédain.
Une seule chose est certaine.
Mon acrimonie dans ce milieu n'est pas le fait du hasard.

ÊTRE NOIR

Pour une raison ou une autre, je suis ciblé.
Je suis dans le pointeur de ceux-là qui voudraient
m'extirper de leur société.
Je ne peux pas m'en défaire.
Pour un bien ou pour un mal, je suis emmuré.
Dans ce milieu, quelle tragédie pour moi !

53

ÊTRE CIBLÉ

Par Ben Wood Johnson

Oui, je suis visé.
Quelle que soit la raison, on me traite comme un rejet.
Pour quel que soit la raison, on me considère comme un
galvaudeux.
Pour quel que soit la raison, on me traite comme un
baladeur.

Je l'admets sans ambages.
Je suis un orphelin en terres étrangères.
Je n'ai ni de père ni de mère dans ces milieux.
Je n'ai personne pour me défendre.
Je n'ai point de recours.
Je n'ai aucune source de répit.
Je suis pétri.

Oui, je suis miré.
Quel forfait aurais-je perpétré ?
Quel crime aurais-je commis ?
Quel tort leur aurais-je causé ?
Je ne le sais pas.
Pour quel que soit la raison, on me traite comme un
clochard.

ÊTRE NOIR

Pour certains, je suis exécré.
Pour certains, je suis un étron.
Pour certains, je suis un fouineur.
Pour certains, je suis une personne qui attire la malchance.
Pour certains, j'ai une vie de merde.
Pour certains, je viens d'un pays de merde.
Pour certains, je suis une saleté.
Pour certains, je suis un excrément.
Pour certains, je suis dans la mélasse.

Pour d'autres, je ne suis pas noir seulement.
Pour d'autres, je suis aussi un immigrant.
Pour d'autres, mon état d'être est pire que d'être un grivois.
Pour d'autres, c'est pire que d'être un chien délaissé.

Oui, je suis un vaurien.
Oui, je suis un gredin.
Oui, je suis un orphelin.
Oui, je suis un petit malin.

À cause de ma couleur, on me traite comme un trimardeur.
À cause de mon passé, on a peur de mon avenir.
À cause de mon pays, on me traite comme un traitre.
À cause de mon histoire, on a un dégoût pour ma culture.
À cause de ma noirceur, on a peur de moi.

54

MON PAYS D'ORIGINE

Par Ben Wood Johnson

À cause de mon pays d'origine.
J'ai perdu mon humanité.
Selon eux, je ne suis pas un homme.
Selon eux, je ne suis pas une personne animée de sang.
Selon eux, je n'ai pas un état d'âme.
On me prend pour un maitre d'armes.

Je souffre parce que je suis basané.
Je suis un exécrable.
Je suis dégelasse.
Je suis dégueulasse.
Je suis épouvantable.
Ma seule transgression c'est que je suis noir.

Pour plus d'un, je suis une créature.
Pour certains, je n'ai pas de sculpture.
Pour beaucoup, je ne suis pas en chair et en os.
Pour ces gens-là, je suis rempli de défauts.

Pour d'autres genres, je n'ai pas le droit à la vie.
De leur point de vue, je n'ai pas le droit à la liberté.
De leur approche myope de ma réalité, je suis le néant.
Je n'ai aucune valeur proprement dite.

ÊTRE NOIR

Ainsi, je suis sévi.
Ainsi, je suis englouti.

Qu'est-ce que j'ai fait de mal !
Quel sacrilège ai-je commis ?
Pourquoi dois-je être immolé ?
Pourquoi dois-je être sacrifié ?

MON FORFAIT

Cette section contient une collection de trois poèmes. Ils ont été écrits entre mars et avril 2018. Parfois, je me demande, quel est le mal que j'ai fait à ce monde. Je me demande, quelle est ma monstruosité. Je me balbutie à propos du forfait que j'ai commis. Je n'arrive pas à comprendre le pourquoi des choses. Je n'arrive pas à maitriser les motifs de mes maux. Je me sens sans recours. Je me sens sans aucun secours. J'avais fait appel à tous ceux qui auraient pu m'aider à sortir de mon étau. Personne ne voulait venir à mon aide. J'étais déçu. C'était comme s'il n'y avait point d'humanité dans le monde. Tout le monde se foutait pas mal de mes maux.

ÊTRE NOIR

55

UN DÉLIT MORTEL

Par Ben Wood Johnson

Être noir en terres étrangères, c'est un forfait éternel.
C'est comme un malheur tombé du ciel.
On se sent rejeter aux poubelles.
On se sent repartir en de petites parcelles.

Être noir en terres étrangères, c'est une usurpation.
C'est une retardation.
C'est comme une maladie contagieuse.
C'est d'être ravagé par un trouble organique silencieux.

Être noir en terres étrangères, personne ne veut de soi.
On vit en émoi.
On est un antiroi.
On vit aux abois.

Être noir en terres étrangères, c'est un outrage.
C'est un malaise qui fait rage.
C'est comme une transgression sans pareille.
C'est un délit mortel.

Être noir en terres étrangères, c'est une folie qui ne rend
pas fou.
C'est comme une sangsue qui suce tout.
C'est d'être comme une plaie qui pue sans répit.
C'est d'être comme un juron qui incite la meurtrie.

ÊTRE NOIR

Être noir en terres étrangères, c'est un état opportun.
On n'a pas de lendemain.
On n'a pas de pied.
On n'a pas de main.
On se sent triste tous les petits matins.
On est un pantin.
On est un tintin.
On est un rien de rien.

56

C'EST UN CHÂTIMENT

Par Ben Wood Johnson

Être noir en terres étrangères, ça dérange.
Ça arrange.
C'est une souillure mentale.
C'est une épine qui s'épie.
C'est un malheur bienvenu.

Être noir en terres étrangères, c'est comme une pénitence.
C'est une nuisance.
C'est de vivre sans repentance.
C'est de vivre sans conséquence.

Être noir en terres étrangères, c'est un châtiment.
C'est une peine affligeante.
C'est une peine infamante.
C'est une punition cruelle.
C'est une condamnation.
C'est une malédiction.

Être noir en terres étrangères, c'est un fardeau inouï.
C'est une malveillance sans répit.
C'est un poison sans antidote.
C'est de vivre sans honneur.
C'est de vivre sans ardeur.

ÊTRE NOIR

Être noir en terres étrangères, c'est de vivre en enfer.
C'est de ne pas vivre sur terre.
Ça ne convient à personne.
Ça ne convient ni au bourreau ni à la victime.
C'est comme s'évanouir au soleil.
C'est comme assister à ses propres funérailles.

57

VIVRE DANS L'ABJECTION

Par Ben Wood Johnson

Quoi que je dise, je suis vilipendé.
Quoi que je fasse, je suis condamné.
Quoiqu'il arrive, je vis dans la fiente.
Quoiqu'il en soit, je suis un chenapan.
Quoiqu'il advienne, je suis un sacripant.

En terres étrangères, je suis destiné à mourir dans
l'abjection.
Quoi qu'ils disent, je suis chahuté.
Quoi qu'ils fassent, debout je resterai jusqu'à la mort.
Quoi qu'il se passe, je ne me rabaisserai jamais.

À présent, la mort ne veut pas de moi.
La mort me refuse à ce croisement affreux de ma vie.
Je vis dans un état de perpétuelle agonie.
Je vis comme un démuni.

Qu'est-ce que j'ai fait pour mériter cette vie de chien ?
Qu'est-ce que j'ai fait pour mériter cette vie de misère ?
J'ai honte de moi.
J'ai peur de me regarder dans le miroir.
J'ai peur de me haïr.
Je ne voudrais pas me faire du mal.

ÊTRE NOIR

J'ai peur de me détester.
J'ai peur de m'indexer.
Je me cache là où même moi ne pourrais me retrouver.
Je me protège pour ne pas m'extirper de moi-même.
Je me sens comme un cancer pour mon être.

Je me sursois.
Cela va de soi.
Je me nie tout.
Je ne m'offre rien.
Je me dérobe le droit de rêver.
Je me subjugue.

Je m'abdique à ma réalité putride.
Je marche à reculons.
Je quémande à tout bout de champ.
Je trébuche.
Je patine.
Je glisse.
Je chancèle.
Je tombe.

Ils se foutent pas mal de moi.
Ils se foutent de ma couvée.
C'est ça ma vie en terres étrangères.
Qui dit mieux !

Section 16

AVEC ESPÉRANCE

Cette section contient une collection de trois poèmes. Ils ont été écrits entre mai et juillet 2018. En dépit de mes tumultes, j'ai un brin d'espoir qui me guide. Oui, je sais que c'est un peu farfelu. Cette lueur de bonheur m'anime tous les jours. À présent, c'est mon seul soutien. C'est ma seule espérance. C'est ma seule consolation. Je ne saurais comment décrire mes maux en terres étrangères. Je ne saurais comment édifier mon état d'angoisse. Je suis une roue de l'air [Woodler]. Je passe ma vie à chanter. Depuis que je vis en Amérique du Nord. Je ne suis plus le même. Je passe mes jours et mes nuits à déchiffrer la cause de mon malheur dans un pays qui aurait dû être le mien. Pourtant, je n'arrive pas à déceler ce qui m'arrive. Ainsi, j'accepte ma réalité.

ÊTRE NOIR

Ce petit livre c'est ma façon à moi de commémorer mes peines en terres étrangères.

58

ÊTRE OPTIMISTE

Par Ben Wood Johnson

Je suis un optimiste.
Je ne sais pas pourquoi je me sens comme ça.
Je ne sais pas où je vais comme ça.
Je suis sûr que je suis sur la bonne voie.
Je suis sûr que je suis sur la bonne piste.

Je ne sais pas pour quelle raison.
Mais je crois en moi.
Je ne sais pas jusqu'à quand je tiendrai la foi en moi.
Je m'accroche à moi aussi fort que je puisse le faire.
Je continuerai à le faire.
Je le ferai même quand je ne sais pas pourquoi.

Je n'ai pas mal à la tête.
Je ne vis pas avec l'âme en fête.
Je ne peux pas réjouir de gaité.
Je ne peux pas me sentir émaillé.
Ça, c'est ma réalité.

Je ne suis pas encore sortie de l'auberge.
Je ne peux pas me défaire de mon sortilège.
Je suis sûr qu'un jour viendra où je sortirai de ce piège.
À côté de ma mère, un jour je regagnerai mon siège.
Un jour viendra où je retrouverai mon être.

ÊTRE NOIR

Je ne me fais pas des idées.
Je sais que je suis miré.
Je sais que je suis dans leur collimateur.
Je sais qu'ils voudraient me tourner en un bric-à-brac.
Ils voudraient me taxer comme un macaque.
Ils voudraient faire de moi un saboteur.

Je sais qu'ils sont sous ma trousse.
Ils veulent que je m'éclabousse.
Ils veulent me minimiser.
Ils veulent m'effleurer.

Je n'ai point peur d'eux.
Je peux voir la haine dans leurs yeux.
Je sais qu'ils n'ont pas de cœur.
Je suis habitué à ma frayeur.

Je sais qu'ils n'ont pas de pitié.
Je sais qu'ils veulent me frôler.
Je sais qu'ils veulent me supprimer.
Je sais qu'ils veulent me coincer.

Je sais qu'ils veulent me manger tout cru.
Je sais qu'ils veulent me mettre en tohubohu.
Je sais qu'ils veulent me jeter par-dessus bord.
Je sais qu'ils veulent me faire du tort.

Je m'accrocherais à moi jusqu'au bout.
Je me tiendrais herculéen par-dessus tout.
Je ne m'abandonnerais jamais.
Je ne deviendrais pas leur portefaix.

Sans façon, je ne leur donnerais pas cette gloire.
Sans façon, je ne leur donnerais pas cette victoire.

BEN WOOD JOHNSON

Tout n'est pas perdu pour moi.
Il y a quand même une lueur d'espoir.
Et ceci même dans le noir.

ÊTRE NOIR

59

UNE LUEUR D'ESPOIR

Par Ben Wood Johnson

Oui, ce rayon d'espérance est fragile.
Mais j'y crois avec tout mon corps.
Oui, cette flamme est moribonde.
Mais j'y crois avec toute mon âme.
Je ne vais pas baisser les bras.
Je ne vais pas succomber face à mon état de misère.

Oui, ce petit brin d'espoir est mourant.
Mais j'y croirais encore.
Oui, mon avenir est platonique.
Mais j'y croirais toujours.
Oui, je me retrouve vers la fin de mon monde.
Je ne m'abandonnerais jamais.
De mon être, j'y croirais sans détour.

Je dois rester debout avec les pieds fermes sur terre.
Mes petits garçons sont la boussole de ma vie.
Ma femme a besoin de moi.
Ma famille croit toujours en moi.
Mes enfants méritent un chemin meilleur.
Je dois les guider à bon port.

Je ne peux pas me payer le luxe de croupir maintenant.
Je ne peux pas me payer le luxe de m'aplatir en ce moment.

ÊTRE NOIR

Je ne peux pas me payer le luxe de flétrir à présent.
Je dois continuer de croire en moi.

Ma conviction est mon seul bonheur.
L'espoir est ma seule espérance.
Cette lueur me guide comme une étoile dans la nuit.
Ce faisceau lumineux me pilote même pendant le jour.
Je ne suis pas seul dans mon état d'affliction.

Oui, je n'ai pas de maitres en terres étrangères.
Oui, je ne veux d'aucun souverain en terres étrangères.
Je ne me courberai jamais en terres étrangères.
Je ne me rabaisserai jamais en terres étrangères.

Je resterai fier de mon être.
Je serai ainsi jusqu'à la fin de mon être.
Je resterai ferme et résolu.
Je resterai toujours moi.
Je resterai toujours noir.

Je serai noir jusqu'à la fin des temps.
Je serai moi-même quoiqu'ils puissent dire.
Je resterai moi-même quoiqu'ils puissent faire de moi.
Je serai toujours mon seul sauveur en terres étrangères.

Je ne m'abandonnerai jamais en terres étrangères.
Je serai toujours le fond de mon obscurité.
Je serai un faisceau d'espérance pour mon être.
Je brillerai toujours même dans la nébulosité.

Je surmonterais mon état de méchanceté.
Quoi qu'il en soit, je ne m'abaisserais jamais.
Quoiqu'il y soit, je ne me rabaisserais jamais.
Quoi qu'il y ait, je serai toujours noir.

60

NOIR POUR LA VIE

Par Ben Wood Johnson

Je suis noir pour la vie.
Je serai toujours noir dans mon corps.
Je serai toujours noir dans mon sang.
Je serai toujours noir dans mon esprit.
Je porterai toujours l'étendard de la clarté dans mon être.

Je resterai toujours le gardien de la nuit de mes nuits.
Je resterai toujours mon seul cicérone.
Je serai toujours l'instigateur de ma lumière.
Je le ferai pendant mes moments les plus sombres.

Je serai toujours le reflet de mon incandescence.
Je serai noir même dans la clarté.
Je serai toujours le reflet de la nuit.
Je serai noir pendant les jours les plus endoloris.
Je serai toujours noir.
Je serai toujours un survivant.

Dans mes entrailles, je porterai toujours ma négritude.
Dans mon être, je porterai toujours la couleur de mon peuple.
Sur mon épiderme, j'exhiberai toujours mon malheur.
À travers mes écrits, je compatirai toujours mes peines.

ÊTRE NOIR

Dans mon cœur, je serai toujours noir.
Dans ma profondeur, je serai toujours un homme de
couleur.
Dans mon essence, je serai toujours un nègre.
Dans mon âme, je serai toujours l'enfant de l'Afrique.
Sur mon front, je porterai toujours l'étendard d'un pays de
merde.

À PROPOS DE L'AUTEUR

BEN WOOD JOHNSON, PH.D.

Le Dr Johnson est un observateur social. Il est un chercheur multidisciplinaire. Il écrit sur la philosophie, la théorie juridique, la politique publique et étrangère, l'éducation, la politique, l'éthique, les affaires de race et le crime.

Le Dr Johnson est diplômé de l'Université de Pennsylvanie et de l'Université de Villanova. Il est titulaire d'un doctorat en leadership éducatif, d'une maitrise en science politique, d'une maitrise en administration publique et d'un baccalauréat en justice pénale.

Le Dr Johnson a travaillé comme agent de police et dans d'autres aspects dans le domaine du maintien de l'ordre. Il est un ancien élève du Collège John Jay de justice pénale.

Le Dr Johnson parle couramment plusieurs langues, y compris, mais sans s'y limiter, le français, l'espagnol, le portugais et l'italien. Le Dr Johnson aime aussi la lecture, la poésie, la peinture et la musique. Vous pouvez contacter le Dr Johnson en utilisant les informations ci-dessous.

Autre info

Utilisez les informations ci-dessous pour contacter l'auteur.

Adresse

Eduka Solutions

330 W. Main St #214

Middletown, PA 17057

Email

Email adresse: benwoodjohnson@gmail.com

Réseaux sociaux

Pour savoir plus sur l'auteur, visiter ses profils sur les réseaux sociaux. Pour savoir plus sur ses travaux, accédez aux plateformes de médias sociaux suivantes.

Twitter: @benwoodpost

Facebook: @benwoodpost

Blog: www.benwoodpost.com

Site web: www.drbenwoodjohnson.com

Librairie: www.benwoodjbooks.com

TESKO PUBLISHING
Pennsylvanie

AUTRES PUBLICATIONS

Autres livres par Ben Wood Johnson

1. Racisme: What is it?
2. Sartrean Ethics: A Defense of Jean-Paul Sartre as a Moral Philosopher
3. Jean-Paul Sartre and Morality: A Legacy Under Attack
4. Sartre Lives On
5. Forced Out of Vietnam: A Policy Analysis of the Fall of Saigon
6. Natural Law: Morality and Obedience
7. Cogito Ergo Philosophus
8. Le Racisme et le socialisme : La discrimination raciale dans un Milieu Capitaliste
9. International Law: The Rise of Russia as a Global Threat
10. Citizen Obedience: The Nature of Legal Obligation
11. Jean-Jacques Rousseau: A Collection of Short Essays
12. L'homme et le racisme : Être responsable de vos Actions et Omissions
13. Pennsylvania Inspired Leadership: A Roadmap for American Educators
14. Adult Education in America: A Policy Assessment of Adult Learning
15. Striving to Survive: The Human Migration Story

16. Postcolonial Africa: Three Comparative Essays about the African State

TESKO PUBLISHING

Vous pouvez trouver d'autres travaux par le Dr Ben Wood Johnson en visitant son blog.

MY EDUKA SOLUTIONS

BEN WOOD POST

www.benwoodpost.com

TESKO PUBLISHING

TESKO PUBLISHING
An independent publishing house

www.teskopublishing.com